利用者に心地よい

介護技術

「新感覚介助」
というアプローチ

安藤祐介 著

中央法規

はじめに

「介助は好きですか？」

私は介助が大好きです。その理由は、多くの利用者が介助を必要としていますし、必要とされる介助を行うことで、私自身が仕事にやりがいをもって生きてこられたからです。

社会人１年目の春、介護老人保健施設ケアセンターゆうゆうに入職した私が利用者からはじめに求められたのが「お兄ちゃん、寝かせて」「ちょっと立たせて」「トイレに連れてって」という援助を欲する言葉、すなわち「介助」でした。その訴えは今も変わらずに続いており、介助は利用者が求めることの歴代ナンバー１だと思っています。

私の職業は作業療法士ですが、入職当初、こと介助に関しては素人同然でした。何もできなかった私は、利用者の求めに応えたい一心で介助を学びはじめました。研修会に参加し、現場の職員から繰り返しアドバイスをもらいながら、少しずつ利用者が求める介助ができるようになっていきました。利用者の求めに応えられるのがうれしくて、さらに介助の質を高める取り組みを続けた結果、介助を「教えられる立場」であった私は、いつしか介助を「教える立場」になっていました。

この本は、私が「新感覚介助」というセミナータイトルでみなさんに伝えてきた介護への想いを、言語化できる範囲でまとめたものです。利用者の求めに応えられる介助者、選ばれる介助者、愛される介助者を目指している方に、ぜひ手にしていただきたい本です。介助に携わる多くの方が、冒頭の問いに胸を張って「大好き」と答えられる日が来ることを願っています。

平成27年５月吉日

介護老人保健施設ケアセンターゆうゆう
安藤祐介

もくじ

実践編

基礎編

Ⅰ　利用者に心地よい介護技術とは

この本は、利用者に心地よい介護技術の１つとして、「新感覚介助」というアプローチを紹介しています。

基礎編Ⅰでは、新感覚介助についての説明と、各章を読み進める際のポイントについて述べます。

基礎編

新感覚介助とは

この本は、利用者に心地よい介護技術の１つとして、「新感覚介助」というアプローチを紹介しています。新感覚介助とは「無意識の感覚を意識化して介助に活かす」というものです。「無意識の感覚」とはどのようなものなのでしょうか。ここでは、視覚を取り上げて説明します。

視覚が正常に機能している人にとって、目が見えるのは当たり前なことであり、目が見えるのを意識しながら生活することは少ないと思います。しかし、一時的であっても目が見えにくい状況が起きたとすれば、ふだん無意識であった視覚を意識化することになります。例えば、突然停電が起こり、あなたの部屋が真っ暗闇になったとします。そのとき、人によっては強い恐怖を感じ、ふだん目が見えていることの重要性を再認識したり、感謝の気持ちを感じたりします。そのときに感じた視覚に対する「想い」を介助に活かすのが、「新感覚介助」というアプローチです。

人がもつ感覚は、「視覚・聴覚・触覚・嗅覚・味覚」に代表される五感以外にも、手足の位置や動きを感じる深部感覚、バランスや速さを感じる平衡感覚（へいこうかんかく）などさまざまです。これらは正常な発達を遂げてきた利用者にも介助者にも備わっている感覚であると同時に、生活上のあらゆる場面で意識化できる感覚です。無意識の感覚が意識化されると、人によってはそれが新鮮さや驚き、楽しさといった今までにない「新しい感覚」として感じられ、これが「新感覚介助」という名称の由来にもなっています。

続いて、私が考える介助する大切さや各章を読み進める際のポイントについて述べたいと思います。

基礎編

介助する大切さ

介護の仕事において、介助は大切な位置づけにあります。介助が大切であることは、多くの方が知っていると思いますが、大切なことを知っているからといって、毎日のなかで大切にできているとは限りません。

例えば、「笑顔であいさつすること」は介護の仕事をしている・いないにかかわらず、私たちが誰かと生活していくうえで心がけたい大切なことだと思います。しかし、毎日確実に行えているでしょうか。心も体も健康なときには行えているかもしれませんが、不機嫌であったり、体調が悪かったり、悩みを抱えていたりする状態では、満足に行えなくなるのが私たち人間です。

介助にも同じことがいえます。介助が大切なことは多くの方が知っていますが、心も体も不健康なときにはなかなか大切にできません。立たせるだけ、起こすだけの介助になってもおかしくないのが実情です。

しかし、なかには心や体の状態に左右されることなく、いつでも介助を大切にできている方々がいます。それは、日ごろから「介助は大切」と強く思っている方々です。

先程の例でいえば、日ごろから「笑顔であいさつするのは大切！」と心の底から思っている方であれば、悩みを抱えていてもおそらく笑顔であいさつできます。日々大切なことだと思いながら暮らしていますから、簡単なことでは軸がぶれません。大切さの度合いというのは、どのようにして高まるものなのでしょうか。

基礎編

体験する大切さ

大切さの度合いを高めるには、いくつかの方法があります。熱心に勉強する……、自分に言い聞かせる……、誰かに説き伏せてもらう……。残念ながらどれも効果は薄いです。私の経験上、最も有効な方法は「体験」です。

ここでいう体験とは、実際に自分の体を動かしながら感じた経験のことをいいます。人は、自分の体を目一杯動かしながら感じたことは、心の深い部分で覚えているものです。例えば小学生のころを思い出してください。先生の話をいすに座って学んだ時間よりも、友達と体を動かして遊んだ時間のほうが、心に強く残っていませんか。私の経験上、先生の話や教科書の内容は忘れてしまった方が多いなか、体を動かして遊んだゲームの内容やルールは、年齢を重ねても覚えている方が多いです。それは、机上で頭を使った時間よりも、体を動かして感じた時間のほうが、心に深い影響を与えたからだと思うのです。心への影響は、大切さの度合いと直結しています。

この本では、介助の大切さの度合いを効果的に高められるように、各所に体験を取り入れています。本文を読み進める際には、ぜひ体験にお付き合いください。体験の数が、最終的に身につく介助の質につながります。

基礎編

共感する大切さ

体験をする利点は、大切さの度合いを高めるだけではなく、「共感する力」を高める意味でも重要です。

介助は１人ではできません。まず、介助の受け手である利用者が必要です。自分１人がよい介助をしようと思っていても、独りよがりでは実現しません。私たち介助者は、相手が自分の介助をどう感じているのかを察する力、すなわち、人に共感する力が必要です。体験は、自分自身と相手の想いを感じとる共感の基礎力を高めてくれます。

さらに、もし一緒に働く同僚がいれば、同僚も同じようによい介助をしてくれれば心強いものです。逆に、自分だけがよい介助をしようとしていても、ほかの同僚がそうでもない介助をしていれば、利用者の幸せにつながりません。私の想いと同僚の想いをつなぐには、同じような体験を共有することが有効です。

例えば、サーフィンの楽しさは、サーフィンをした方にしかわかりません。山登りの爽快感(そうかいかん)は、山登りをした方にしかわかりません。同じような体験をしているからこそ、「あれは楽しいよね！」と、人と人とがつながり、共感し合えるきっかけになります。介助も同じです。介助する大切さは、介助をした人同士にしかわかりません。介助を通して笑顔になる利用者を見た人同士であれば、「介助って、すごい力があるよね！」という言葉を共感し合えます。

各章の中には、いくつかの体験と実践例が紹介されています。

実際にそれらを行い、大切に思われた方は、その体験を誰かと一緒にやってみることをお勧めします。そうすれば、あなたが感じた大切さはあなただけのものではなく、誰かと共感し合えるものになります。体験と共感を通して「介助する大切さ」が多くの方に広がり、利用者にとっても介助者にとっても、介助がより素敵な時間になればと思います。

基礎編

Ⅱ 感覚と介助

見る（視覚）・聞く（聴覚）・触れる（触覚）・かぐ（嗅覚）・味わう（味覚）という５つの感覚は総称して「五感」と呼ばれ、私たちはこれから得た情報をもとに生きています。

基礎編Ⅱでは感覚と介助の関係を体験や過去の経験を通して考え、介助の質を高めるヒントを探していきます。

基礎編

一人前の介助者になる方法

体験してみよう

相手の前に立ってください。
相手はどんな気持ちになりましたか？

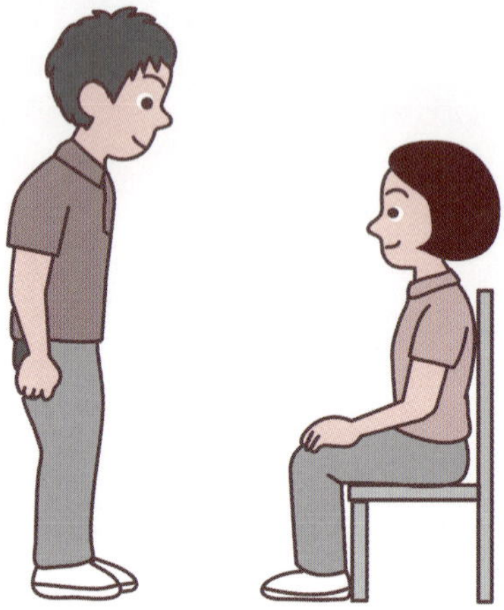

あなたは、利用者をどの位置（前後左右）から介助していますか。介護の世界では「対面介助」が基本であるため、多くの方が「前」から介助しているのではないでしょうか。

かつて、仕事をはじめて間もない頃の私は、あらゆる介助を前から行っていました。しかし、現在は前以外からでも介助が行えるように、位置取りの選択肢を広げています。その理由は、人にとって「前」という空間が特別な意味をもっており、介助者が前に位置することで利用者にマイナスの影響を与える可能性があるからです。

人は、「見る・聞く・触れる・かぐ・味わう」という５つの感覚（五感）で、広い世界から情報を得ています。五感のうち、実に４つの感覚器官（眼・耳・鼻・口）が顔の前半分についています。介助者が利用者の前に位置するとすれば、利用者が本来得られるはずの情報を介助者が遮り、世界を「狭く」していることになるかもしれません。

さらに、人は前を塞がれると無意識にストレスを感じます。満員の電車やエレベーターに乗っていて、すぐ目の前に人がいるときの圧迫感や息苦しさは多くの方が経験ずみだと思いますし、冒頭の体験でも、前に立つ相手にマイナスの気持ちを感じた方が多かったのではないでしょうか。

ここで介助場面を考えます。今まで相手の「前」から介助し続けてきた方が、「前からの介助はよくない」と言われても、それを突然やめるのは難しいと思います。そんなときは、まず数㎝離れることからチャレンジしてみてください。

ためしに、自分の目の前に手を出し、その位置を少しずつ遠ざけてみてください。手が２㎝……４㎝……と遠ざかるにつれて、感じられる世界が広く快適になったように感じられたとすれば、数㎝にも大切な意味があります。

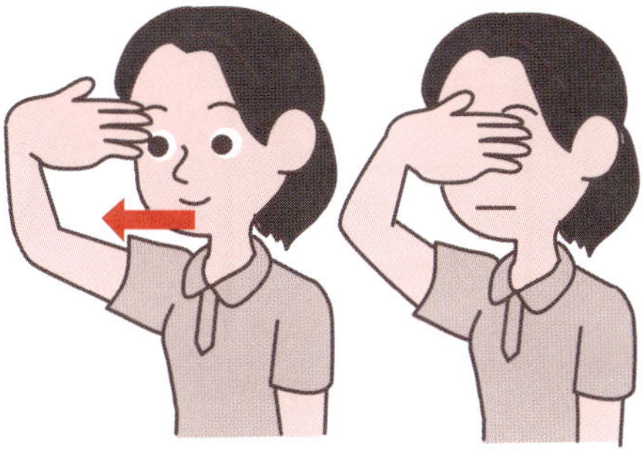

利用者とかかわるときには、あなたの存在で前を埋め尽くすのではなく、あなた以外の情報も感じられるように心を配ってみてください。「人の前」を大切にできてこそ、「一人前」の介助者です。

即実践

立ち上がり介助

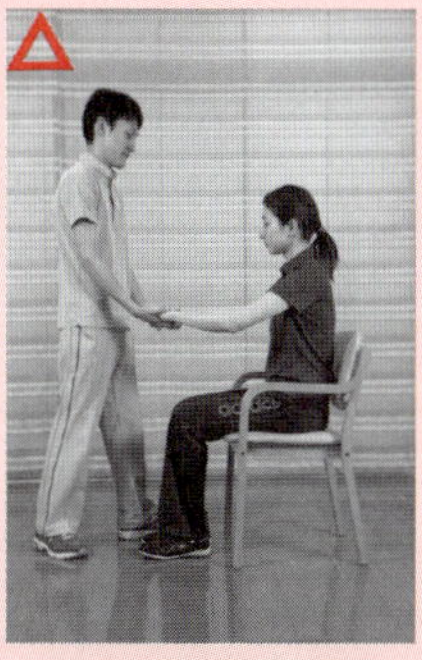

前からの介助

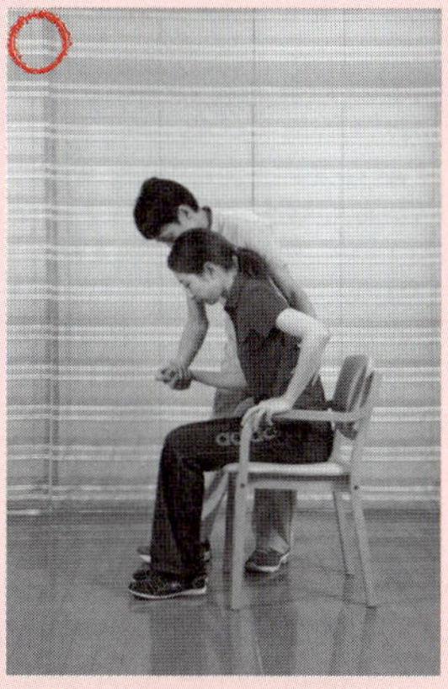

横からの介助

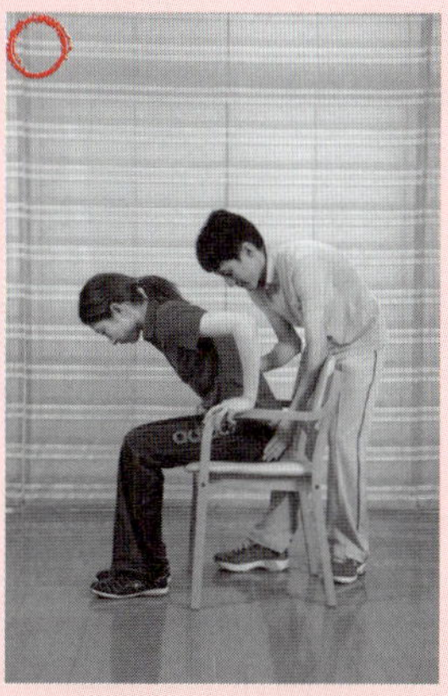

後ろからの介助

基礎編

目・耳・手を駆使してかかわる

体験してみよう

**相手に「ありがとう」の気持ちを伝えます。
どの方法が、最も相手の心に届くでしょうか？**

1．メール　　2．電話　　3．直接話す

人とかかわるにはさまざまな手段があります。一般的なのは直接会って話すことですが、広くとらえればメールや電話もかかわる手段の１つといえます。どれも人と人とがかかわっている事実に変わりはありませんが、２人の間に生まれる関係の深さは異なったものになります。

メールでのかかわりは、「視覚」による文字のやりとりです。相手に伝えたい言葉を文字にするという点では、手紙やメモもメールと同様のかかわりといえます。あなたはメールをするとき、相手に伝えたい内容が正確に伝わっていないと感じたことがありませんか。もしあるとすれば、それは伝えたいことを文字にする段階と、相手が文字を理解する段階の２か所で、想いの食い違いが起きているからです。伝えたいことを正確な文字にするのは、思いのほか大変なことです。

電話でのかかわりは、「聴覚」による声のやりとりです。メールによる文字のやりとりよりも、素早く大量に情報を伝えることができるうえ、考えを文字にする必要もないので、情報がより正確に伝わるかもしれません。しかし、声のやりとりだけではなかなか伝えきれないものもあります。それは、言葉の深さです。

直接会うかかわりは、情報のやりとり自体は電話と同じ「聴覚」で行いますが、ここに「視覚」も加えることができます。話をしているときの表情、しぐさ、距離感、視線など、聴覚に視覚が加わることで、言葉だけでは伝えきれない気持ちまで伝えることができます。

例えば言葉だけの「ありがとう」よりも、相手の目を見て、少し微笑(ほほえ)んで、丁寧(ていねい)におじぎをしながら伝える「ありがとう」のほうが、断然「ありがとう」の言葉が深く伝わるのではないでしょうか。

さらに、直接会うときには「触覚」も用いることができます。「ありがとう」の言葉に握手を添えて、力強さや温かな手のぬくもりまで伝えられたとしたら、きっと思い出深い「ありがとう」になると思います。

介助場面でよく見られるのが、声かけによる聴覚だけのかかわりです。たとえ多くの言葉を重ねたとしても、人と人との間には伝えきれない気持ちがあります。利用者に気持ちを伝えたいときには、ぜひ視覚や触覚も併用してみてください。同じ声かけでも、深い部分まで届くはずです。

即実践

かかわり方

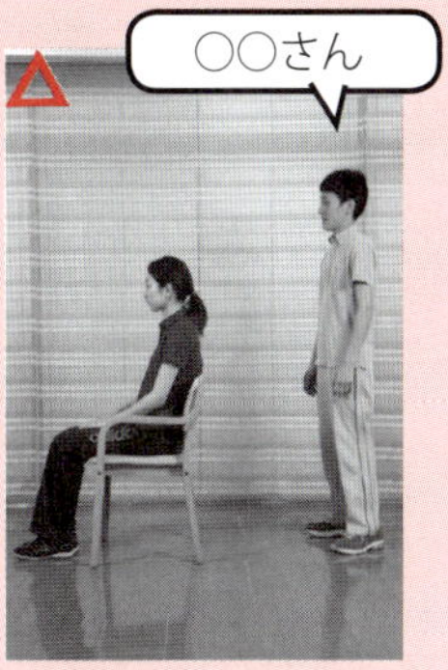

後ろから声をかける（聴覚のかかわり）

正面から声をかける（聴覚と視覚のかかわり）

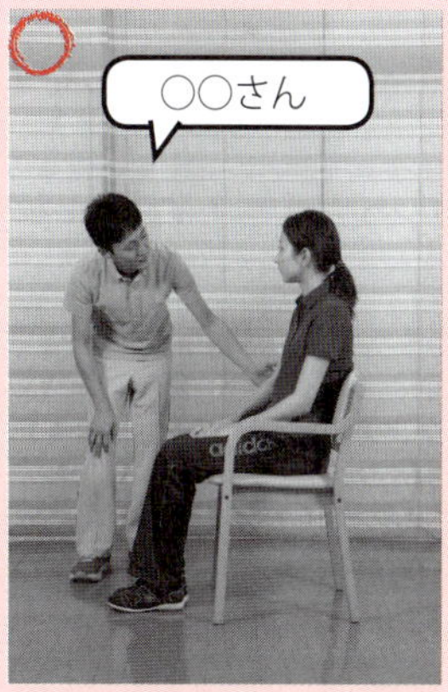

正面から声をかけ、触れる（聴覚と視覚と触覚のかかわり）

基礎編

かかわりの入口は「視覚」で開く

体験
してみよう

相手の後方（見えない位置）から、肩をたたいてください。
次に、相手の前方（見える位置）から、肩をたたいてください。
相手はどちらのたたかれ方のほうがよい印象をもちましたか？

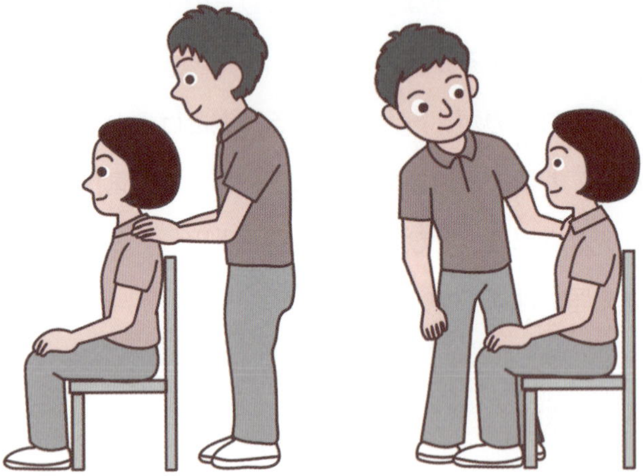

人と人とのかかわりには、入口となる感覚が存在します。私と相手をつなぐうえで、はじめの一歩となる感覚です。相手が目で見て私を認識すれば、かかわりの入口は「視覚」となり、相手が耳で聞いて私を認識すれば、かかわりの入口は「聴覚」となります。

感覚のなかには、かかわりの入口に適した感覚と適していない感覚があります。結論からいえば、五感のなかで「視覚」が最も適しており、「触覚」が最も適していません。理由は、視覚が自分から離れた物を感じる感覚であるのに対し、触覚は自分に接触した物を感じる感覚だからです。かかわりは、近くより遠くから行うのが理想的です。

視覚が入口になれば、相手とのかかわりを遠くから開始できます。利用者がこちらに近づいてくる介助者を見つけ、「なんだろうな？」という心構えができて、「〇〇さん、こんにちは」とかかわりがはじまっていきます。利用者が介助者をしっかり認識できてからかかわりがはじまっており、良好なスタートが切れます。

触覚がかかわりの入口になると、近くからしかかかわりを開始できません。介助者が後ろから唐突に利用者の体をたたき、「○○さん、こんにちは」と声をかけた場合、介助者は利用者のことを事前に認識できていますが、利用者は触れられるまで介助者に気づいていません。心構えがないまま突然かかわりが開始されるので、利用者に驚きや戸惑(とまど)いを生じさせます。そのため、良好なスタートは切れません。

もし相手にマイナスの気持ちをつくった経験があるとすれば、なるべく遠くからかかわりを開始できる「視覚のかかわり」をお勧めします。かかわりの入口は、相手の心にノックをするように、視覚で少しずつ開いていくのが理想的です。

即実践

かかわりの入口のつくり方

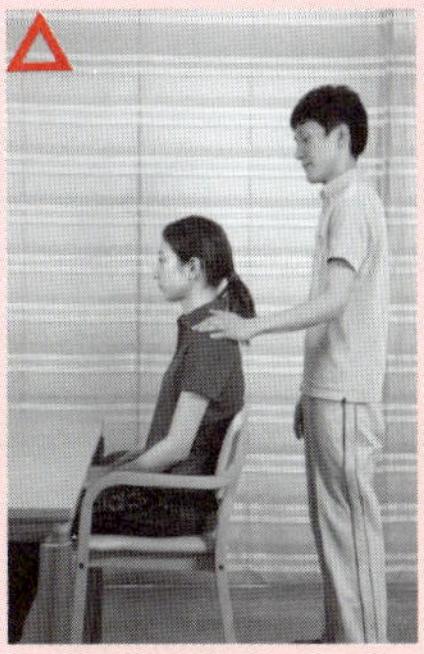

利用者の後ろから肩をたたく

利用者の横から声をかける

利用者に正面から目で見てもらう

基礎編

感覚の方向を統一する

体験してみよう

**相手の右耳から声かけをしながら、
左肩をトントンとたたいてみてください。
相手はどのような気持ちになるでしょうか？**

感覚には方向があります。声をかけるとき（聴覚を用いるとき）は前後左右上下の方向から行うことができますし、触れるとき（触覚を用いるとき）や視界に入るとき（視覚を用いるとき）もさまざまな方向から行うことができます。人とかかわるときに複数の感覚を用いる場合には、すべての感覚の方向を統一することをお勧めします。相手とかかわるときの感覚の方向がすべてバラバラであれば、相手が混乱を招くことになるからです。

例えば、相手に「聴覚と触覚」を同時に感じてもらう場合を考えます。介助者が利用者の右側から声かけをすると同時に左肩に触れていたとすれば、聴覚と触覚が別々の方向から入っています。これでは利用者がどちらに注意を向ければよいかわからず、混乱を招きます。右側から声かけをするのであれば、体の右側に触れるのが正しい感覚の方向です。

複数の介助者がかかわる場合にも方向が肝心（かんじん）です。２人の介助者が利用者の左右別々の方向から声かけをしたとして、利用者がどちらの声かけを聞くべきか戸惑うのは目に見えています。正しくは２人が同じ方向から声かけを行い、利用者が情報を理解しやすくなるように心がけるべきです。

利用者とかかわるときは、感覚が多ければ多いほどかかわりは深まります。しかし、感覚の方向がバラバラでは質の高いかかわりはできません。複数の感覚を同時に使うときは、感覚の方向を統一するように意識してみてください。きっと、あなたからの情報が今よりしっかりと届くはずです。

即実践

かかわるときの感覚の方向

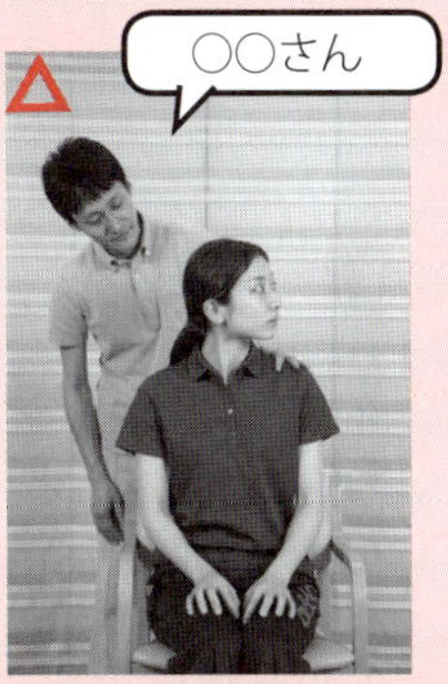

右耳から声をかけて、左肩に触れる

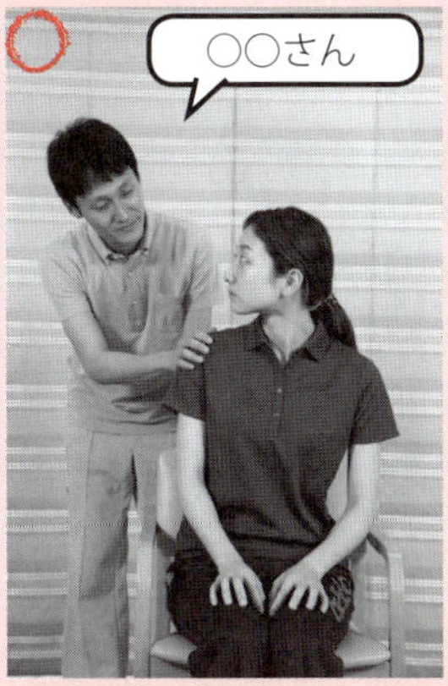

右耳から声をかけて、右肩に触れる

基礎編

感覚の量は必要最小限を目指す

体験してみよう

自分の腕を強くつかんでください。
自分の腕を弱くつかんでください。
私たちは、力を自由に調整できることを確認してください。

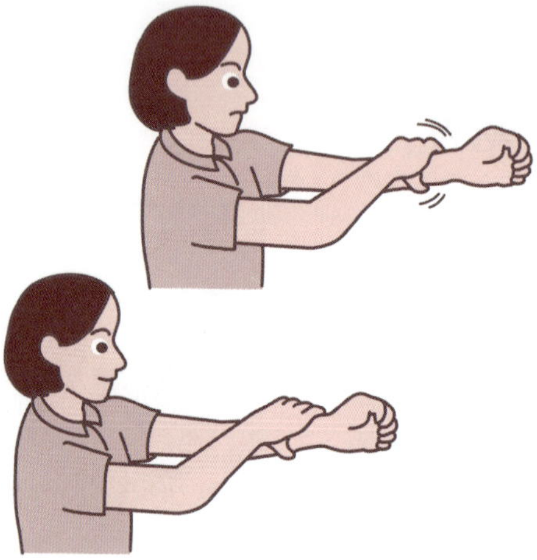

感覚には量があります。「聴覚」でいえば、大きな音は量が大きく、小さい音は量が小さいです。「触覚」でいえば、強く触れることは量が大きく、弱く触れることは量が小さいです。人に感覚を伝えるときには、感覚の量を必要最小限に抑えることをお勧めします。

大きい量の感覚は、多くの方にとって不快な刺激になります。耳から聞こえる大音量、突然視界に現れる人、鼻を突く強い香水のにおい……。すぎた量の感覚は、自分に対して侵襲性がある、害のある刺激だと感じ取られる可能性が高まります。

多くの介助者は、相手にしっかりとこちらの存在が伝わるように、基準となる感覚の量を多めに設定しがちです。耳元での大きな声かけや、体を揺するような触れ方がそれに当たります。

しかし、人の感覚は思いのほか敏感であり、わずかな刺激でもその変化を十分に感じ取っているものです。触覚でいえば、靴の中にほんのわずかな小石が入っただけでも私たちはその存在を強く感じとりますし、視覚でいえば、夜空を一瞬横切っただけの流れ星にも気づきます。

冒頭で行った体験のように、私たちは感覚の量を自在にコントロールできる力をもっています。最小限の感覚の量でかかわることができれば、少なくともあなたは利用者にとって害のある存在ではなくなります。もし量が少なすぎて伝わらなければ、そこから段階的に増やせばいい話です。利用者が必要とする感覚の量は、私たちの想像よりずっと少ないのかもしれません。

即実践

1. 触覚

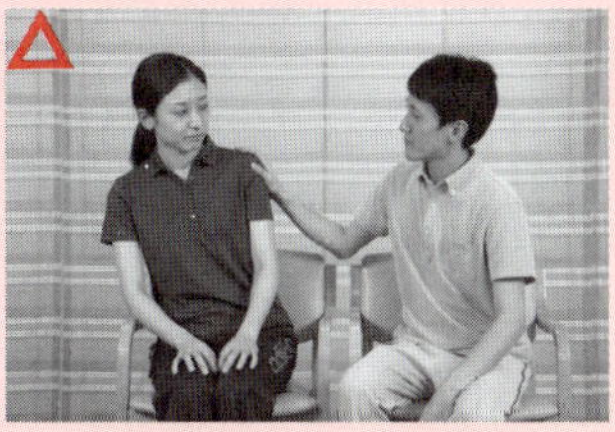

肩を揺するような接触

気づいてもらえる最小限の接触

2. 視覚

かなり近い位置から声をかける

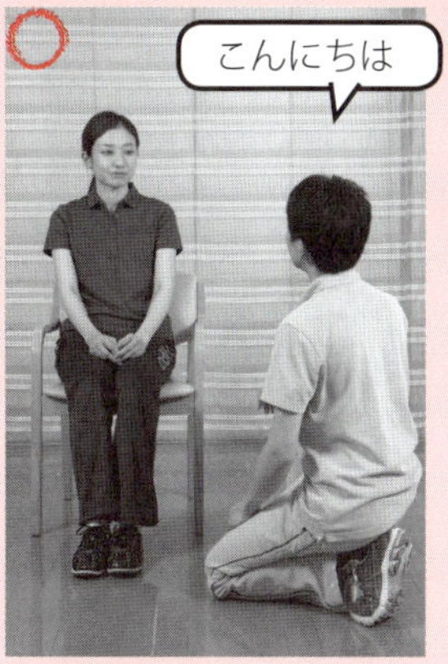

少し離れた位置から声をかける

安藤のひとりごと

column

目を閉じるから、見える世界がある

目を閉じると、意識していなかった「音」がよく聞こえるかもしれません。耳を塞ぐと、意識していなかった「物」がよく見えるかもしれません。

感覚には精度があります。不思議なもので、１つの感覚を閉ざすとほかの感覚の精度が上がります。生まれながらに視覚が不自由な人の聴覚が、私たちの聴覚よりもずっと高い精度で音を聞き分ける能力をもつのは、想像に難くないことだと思います。

五感は、ふだんの生活を送るにあたっては高い精度は不要です。低い精度でも、慣れた環境であれば生きることに支障はないからです。しかし、時に高い精度が求められる場面があります。私であれば「介助場面」です。よりよい介助を行うには、ふだんよりも高い精度で相手を感じられる五感が必要になります。

精度は、１つの感覚を閉ざせば他の４つの感覚が上がります。私たちが簡単に閉じられる感覚は「視覚」です。瞼を閉じればそこは簡易的な暗闇の世界であり、自然とほかの感覚が研ぎ澄まされます。目を開けて介助するときよりも、相手に触れている手の感覚や、相手が望んでいる動きの方向、発せられる言葉の真意を深い部分まで感じることができます。

目を閉じて介助すると、当然事故等のリスクが生じます。ふだん視覚に頼って介助をしているとすればなおさらです。だからこそ、「目を閉じる」価値があります。今まで目を開け続けてきたからこそ、見えていなかった世界が介助には残されているからです。

難しい場面で行う必要はありません。体が慣れているごくごく易しい介助場面から、数秒だけ目を閉じてみてください。今まで気づかなかった相手の動き、最適な力加減、手から伝わる温度、そこには新しい介助の世界が待っているはずです。

基礎編

Ⅲ 視覚と介助

私たちにとって、目が見えるのは当たり前なことです。当たり前すぎて、目がどれだけ私たちの生活を豊かにし、生きる支えになっているのかを多くの方が忘れがちです。基礎編Ⅲでは、視覚がもつ役割について学び、介助に活かせるヒントを探していきます。

基礎編

言葉に頼らない「伝わる」あいさつ

体験してみよう

相手に言葉で「ありがとう」と伝えてください。
次に、言葉は一切使わず、ジェスチャーだけで
「ありがとう」と伝えてください。

介護老人保健施設に就職して3年目の話です。3日間をかけて行われるある介護技術の研修に参加しました。研修1日目の最後に、講師の先生から宿題が出されました。

「明日の朝目覚めたら、一言も言葉を出さないでください。誰とも喋らずに会場まで来てください」というものでした。

翌朝、私は静かに身じたくを整えて家を出ました。喋らないという宿題があるため少し緊張していましたが、電車のなかでもバスのなかでも、意外と1人で過ごす分には困らないものです。難なく会場入りすると、会場にはすでに講師の先生が待機していました。私は思わず「おはようございます」とあいさつしそうになりましたが、喋ってはいけないことを思い出し、言葉に頼らないあいさつとして、立ち止まり、顔を相手に向けて、少し微笑んで、静かに一礼しました。

そのとき、私はふだんしている「おはようございます」というあいさつの何倍も、あいさつをした実感が湧いてきました。そこに言葉はありませんでしたが、言葉以上に気持ちが伝わった感覚がありました。先生も同じようなあいさつを返してくれて、言葉ではない、聴覚に頼らなくても成り立つ世界があることを知りました。

少し介護の現場を想像してみてほしいのです。通り過ぎざまに「おはようございます」。利用者の背中に向かって「こんにちは」。ドアに片手をかけながら「さようなら」。このようなあいさつが多いのではないでしょうか。

言葉は伝えるのではなく、伝わることが大切だと思うのです。あいさつをするときは、聴覚だけではなく視覚も活かし、時には触覚も活かし、いろいろな感覚を交えながら行うことをお勧めします。きっと、今以上に「伝わる」あいさつができるはずです。

即実践

聴覚・視覚・触覚を活用したあいさつ

後ろから「声かけ」だけのあいさつ

前から「声かけ＋ジェスチャー」のあいさつ

前から「声かけ＋触覚」のあいさつ

基礎編

自己紹介は「全身」で行う

体験してみよう

初対面の人に会いました。
あなたは相手のどこを見て「人となり」を判断しますか？

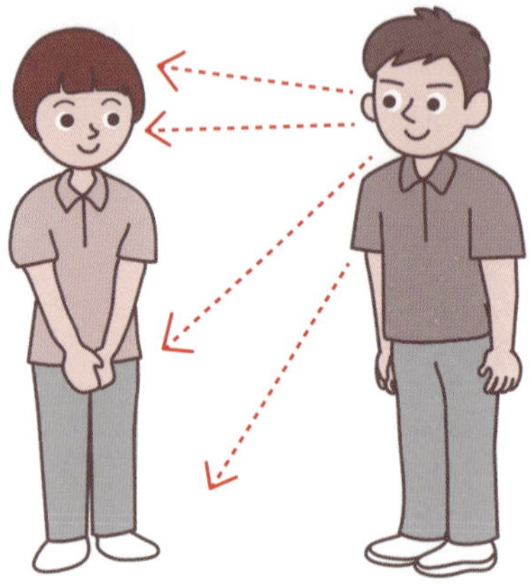

人は見た目が大切だといわれます。これは、利用者と介助者との関係にもいえます。私たち介助者は、利用者に見た目で判断されています。優しい人か怖い人か、頼りになる人かならない人か、初めて出会う２人にとって、視覚は一番はじめの「自己紹介」といえるかもしれません。

視覚で自己紹介をするときに大切なのは、「一部」ではなく「全身」を見てもらうことです。「手足」だけを見ても、人間性はわかりません。得られる情報が多い「顔」だけを見ても、身なりや体つき次第では印象が大きく変わることもあります。自己紹介をするときに大切なのは、その人に全身を見てもらうことです。視覚から多くの情報が得られることで、私たちはより安心してその人の「人となり」を判断できます。

例えば、写真Ａ・Ｂを見てください。別の写真に見えますが、実は両方とも同じ「花」を見ている写真です。写真Ａは近すぎるために花であることがわかりにくくなっていますが、写真Ｂは離れているために花全体の様子がよくわかります。花が自分の存在を正しく伝えているのは、写真Ａではなく、写真Ｂではないでしょうか。

　介助場面を考えます。私たちは利用者にどこを見てもらっているでしょうか。距離が近すぎて顔だけを見せていませんか。前に立ってお腹だけを見せていませんか。

写真A

写真B

　利用者の視界に全身をおさめるには、介助者は利用者の目線よりも下に位置する必要があります。そのために介助者がとるべき姿勢は、片膝立ち（かたひざだ）や両膝立ち、いすに座った姿勢が適しています。こういった床に近い姿勢であれば、見上げることが苦手な利用者の視界にも介助者の全身が入ります。床に近い姿勢は「低姿勢」でもあり、好印象も得られるかもしれません。見た目がすべてではありませんが、見た目が伝える要素も大きいという事実も大切にしてください。

即実践

利用者とかかわるとき

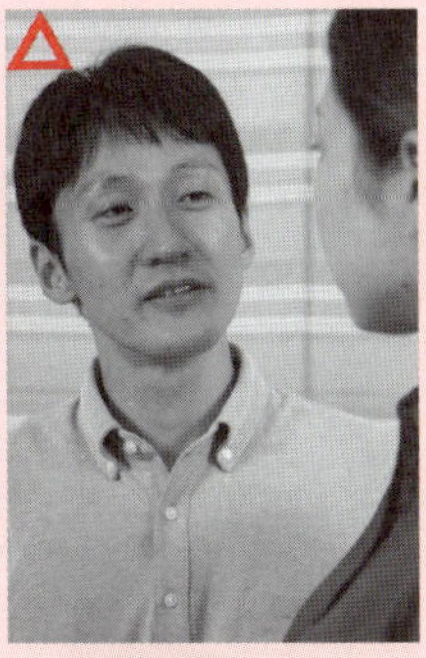

△ 介助者の顔が近すぎる（利用者目線：顔しか見えていない）

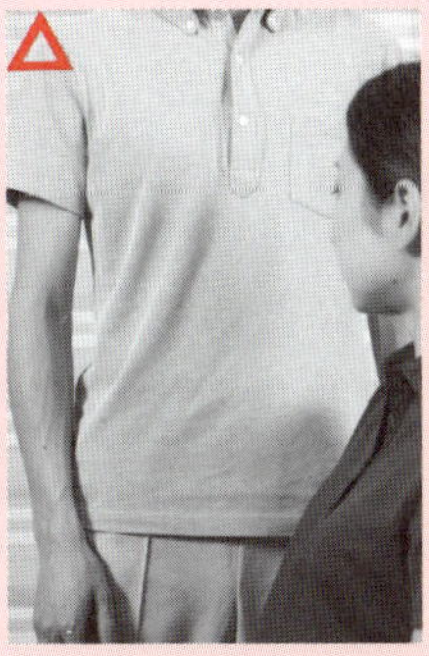

△ 介助者が立っている（利用者目線：お腹しか見えていない）

○ 介助者が床に片膝を着いている（利用者目線：全身が見えている）

基礎編

空間の使い方が気持ちを動かす

体験してみよう

こちらのイラストを見てください。
前に進むとして、道の右側と左側のどちらを通りたくなりますか？

多くの方が「右側」を通ることを選んだと思います。その理由は、人は空間を見ただけで、瞬時に進むのに適した方向を決める力をもっているからです。私の経験上、人は狭い箇所と広い箇所があれば、自然と通りやすい「広い箇所」を選んで進む傾向があります。

この特徴は、介助場面に活かすことができます。例えば介助者が利用者の前の空間にいる場合、その位置によって利用者が進むべき方向をある程度定めることができます。介助者が空間の右側にいれば利用者は「左側」に進みやすくなり、介助者が空間の左側にいれば利用者は「右側」に進みやすくなります。私たち介助者は、利用者が気持ちよく歩きたい方向を決められるように、空間を上手に使う必要があります。

こういった空間の使い方は、実は私たちも経験しています。旅館で女将さんが部屋まで案内してくれるときや、レストランで店員さんが席まで案内してくれるときを思い出してください。ベテランのスタッフであれば、私たちを「立てながら」上手に部屋や席まで案内してくれていると思います。介助場面にも同じことがいえます。現場では、歩行の誘導を利用者のすぐ隣で行う場合が多いですが、介助者があえて利用者の少し前を歩き、進む方向に合わせて立ち位置を変えながら行う方法もあります。

人の歩く気持ちを動かしているのは、空間と視覚の相互作用です。歩行を誘導するときは、その人にとっての最高のナビゲーターを目指し、空間と視覚を上手に使ってみてください。

即実践

廊下を歩く利用者を、分岐点で「右」に案内したいとき

隣で道を指し示す

分岐点に立ち、手で案内する

壁側を歩く利用者を、「フロア側」に案内したいとき

「お席に行きましょう」とフロア側から声をかける

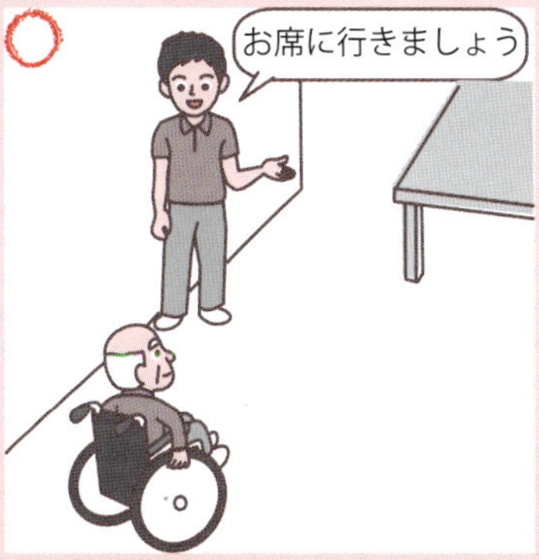

「お席に行きましょう」と壁側から声をかける

基礎編

「動きの介助」と「視覚の介助」を使い分ける

体験してみよう

指で空中に８の字を書いてください。
目を閉じたまま同じ動きを行ってください。

目は「見る」ことを主な仕事にしています。また、見ることを通して「動き」にも関係する仕事をしています。

冒頭の体験で空中に８の字を書いたとき、目を開いていても閉じていても同じ動きをすることができたと思います。その理由は、動き自体に視覚は必要ないからです。動きに関係する主だった感覚は視覚ではなく、筋・腱(けん)・関節等が感覚器官となる「運動感覚」です。

ただし、視覚と動きが無関係なのは大雑把(おおざっぱ)な動きに限られ、細かな動きをするときには視覚の手助けが必要です。例えば、手を左右に広げ、目の前で左右の人差し指をピッタリとくっつけてみてください。目を開けていれば、苦もなくできると思います。しかし、目を閉じて同じ動きを行うとどうでしょうか。同じような動きはできても、目を開けていたときより指先を合わせるのを「難しく」感じた方が多いと思います。

人差し指を合わせる動きに必要なのは運動感覚なので、目を開けていても閉じていても同じ動きが行えます。しかし、２本の指先をピッタリと合わせるには、視覚による細かな動きの「調整」が必要です。動きを行うのが運動感覚であり、動きを調整（手助け）するのが視覚です。私たちが円滑な生活を送れているのは、運動感覚と視覚のおかげです。

介助場面を考えます。時に利用者は、届くはずの手すりをつかみそこねたり、湯飲みを口元まで上手に運べていなかったりすることがあります。このときに問題とされるのは「体の動き」だと思われがちですが、実は「視覚」である場合があります。利用者が手すりをつかみそこねていても、介助者が無理に手すりまで誘導する必要はありません。そこに必要な介助は、利用者の視覚を補うようにそっと手すりの位置や方向を導くことかもしれません。

私たちが手伝う必要があるのは「動き」なのか「視覚」なのか、見極めてから介助してみてください。

即実践

ベッド柵をつかむ介助

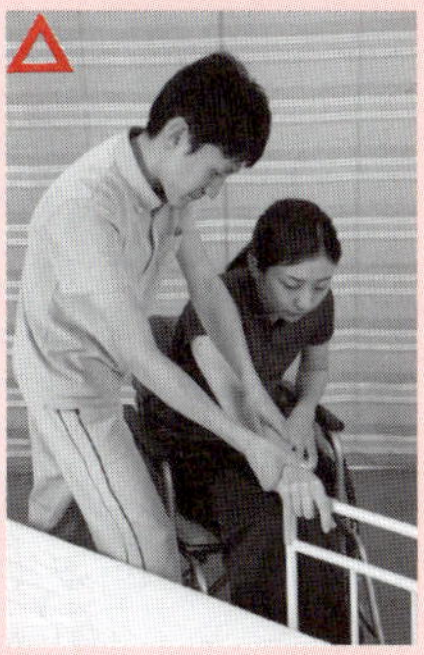

手をつかんで動きを誘導する

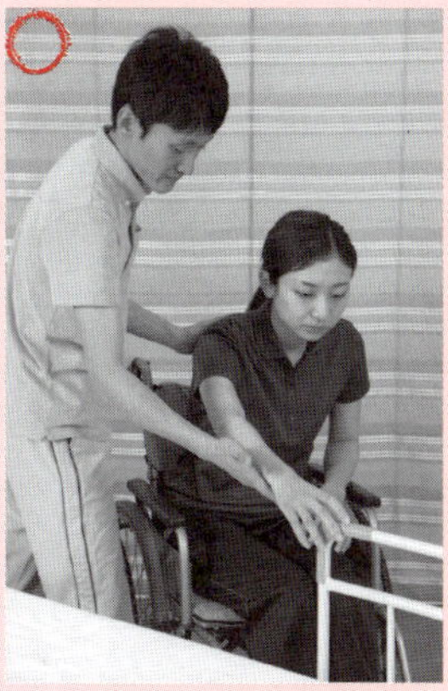

手の方向だけを誘導する

基礎編

目が不自由な方には、身近な情報を優先して伝える

体験してみよう

目を閉じたまま部屋のなかを歩いてください。
自由に歩くには、どんな情報が必要ですか？

視覚と触覚は、どちらも周囲から情報を得ている感覚です。それぞれ得られる情報の担当範囲が異なり、視覚は自分から離れた範囲の情報を、触覚は自分に近い範囲の情報を得ています。

感覚は、自分が担当している範囲内の情報には強いのですが、範囲外の情報には弱いものです。例えば目を開けているとき、目に入ってくる情報は自然と自分から離れた範囲のものになりがちです。壁紙の色や窓から見える景色はすぐに情報として入ってきますが、着ている服の色や足元の靴といった、自分に近い範囲の情報には意識が向きにくくなります。

目を閉じているときには、視覚が遮断（しゃだん）されるために触覚の情報が優先して入ってき

ます。手が触れている本の感触や足が着いている地面の硬さなど、自然と自分に近い範囲の情報に意識が向きやすくなります。各感覚はお互いの担当範囲を補い合いながら、生きるために必要な情報を集めています。

介助場面を考えます。目が不自由な方は、触覚に比重をおいた生活になりがちです。手探りで壁や手すりに触れながら歩いたり、足元を１歩１歩確認しながら足を運んだりと、触覚から得られる情報に頼りながら生活するようになります。

そんな方を介助するとき、私たち介助者は視覚の代役を演じがちです。「あっちのいすまで歩きましょう」「向こうのトイレに行きましょう」……など、視覚で確認できる遠くの情報を伝えても、それはいずれ感じられる未来の情報です。その方が「今」必要としているのは、「すぐ右側にテーブルがありますよ」「２歩先に段差がありますよ」といった、触覚で確認できる直近の情報かもしれません。

私たちの生活に当てはめれば、もしカーナビが最終地点だけを示して道中の目印を無視して案内を続けたとしたら、ドライバーは不親切に感じると思います。必要なのは最終地点の情報だけではなく、無事にたどり着くために必要な、道のりの節々にある小さな情報たちです。目が不自由な方を案内するときは、視覚の代役になるだけではなく、触覚で感じられる身近な情報もあわせて伝えてみてください。

即実践

目が不自由な方を誘導するとき

もうすぐ洗面所に着きますよ

未来の情報を伝えている

右手側にテレビを見ている方がいますね
左手側にテーブルがありますね

現在の情報を伝えている

安藤のひとりごと

column

利用者に安心を伝える最適な方法

相手に安心を感じてもらうのは難しいものです。例えば、虫歯の治療で歯医者に行き、治療台の上に恐る恐る寝ている姿をイメージしてみてください。先生が来て、「それでははじめます。すぐ終わるから安心してくださいね」と言われても、無事に終わるまで恐怖感は拭いきれないものだと思います。相手にしっかりと安心を感じてもらうには、聴覚（言葉）以外の感覚が必要です。私が安心を伝えるのに最適だと思う感覚は、「視覚」です。

多くの人は、視覚に依存した生活を送っています。目が利かない夜の暗闇は誰しも不安になるものですし、明かりに満たされた家はどことなく安心できます。多くの人が視覚に頼って生きてきたからこそ、見えることを大切にするかかわりは、自然と相手に安心感を伝えます。

そのうえで、私が介護現場で独自に工夫しているのが、車いすを「引く」ことです。通常、車いすは介助者が後方から「押す」のがルールでありセオリーですが、前から引いても車いすは動かせます。本来押すはずの車いすをわざわざ引いているのは、利用者に誰が車いすを動かしているかを常に目で見ていてもらいたいからです。特に、自分がおかれた状況に混乱しやすい認知症のある方を中心に行っています。

自分が乗っている車いすを誰かに動かされた経験がある方は、自分では一切操作ができない純粋な「怖さ」を知っていると思います。車いすにはシートベルトもエアバックもありません。身の安全のすべては、介助者にゆだねられています。そんなとき、誰が車いすを動かしてくれているかを視覚で確認できることが、怖さを和らげてくれます。誰が動かしているかわからない車いすに乗っているより、顔なじみの人が動かしてくれている車いすに乗っていたほうが、安心感は増します。前方に人がいることで、少なくとも壁に正面衝突する心配がないのも安心に一役買っています。

見えること・見せることは、お金も時間もかかりません。安心を伝えるには、最適な方法であると私は考えています。

基礎編

Ⅳ 聴覚と介助

自分を取り巻く世界の感じ方は人それぞれです。音のない世界を幸福に思う方も、不快に感じる方もいます。耳が不自由な方にとって、世界はどのように感じられているのでしょうか。基礎編Ⅳでは聴覚と介助との関係を学び、介助に活かせるヒントを探していきます。

基礎編

大勢のなかにいる「１人」とかかわる方法

体験してみよう

大勢の人に向けて「おはよう」とあいさつしました。
何人の人があいさつを返してくれるでしょうか。

聴覚は不特定多数の人に同時にかかわれる感覚です。学校の教室で先生が「おはよう」とあいさつすれば、大勢の生徒が「おはよう」と返してくれます。街頭演説でスピーカーを片手に話をすれば、多くの人の耳に届きます。

大勢の人と同時にかかわれるのは聴覚のメリットですが、時にデメリットにもなります。例えば、大勢のなかにいる特定の１人を散歩に誘いたいとき、みんなの前で「散歩に行きましょう」と声をかければ、その場にいる人全員がその声を聞くことになります。本当に伝えたいのは１人だけなのに、声を聞いた人全員が「散歩に行く」と勘違いするかもしれません。聴覚はかかわれる対象が広いゆえに、１人だけにかかわるのが難しい感覚でもあります。

大勢の人がいるなかで、特定の１人とかかわるには工夫が必要です。それは、「○○さん、散歩に行きましょう」と個人の名前を呼ぶことや、声をかけるときにその人を見つめる（視覚）、もしくは、触れる（触覚）ことです。

聴覚とは違い、視覚や触覚は特定の１人とかかわることを得意とする感覚です。仲の良いカップルが見つめ合い、手をつないで道を歩けば、周りに大勢の人がいても、そこは２人だけの空間になります。

現場を考えてみます。利用者に声かけをするとき、工夫していることはありますか。もし「立ちましょう」「起きましょう」「トイレに行きましょう」とだけ伝えているとすれば、その声かけは特定の１人ではなく、聞こえている全員への声かけになっているかもしれません。介助者からすれば、間違えて聞いた利用者の「勘違い」で済みますが、勘違いすることになった利用者からすれば迷惑な話です。

特定の利用者以外にも声かけが届いた経験がある方は、声をかけるときに最初に名前をつけること、視覚や触覚でかかわりたい方を限定することをお勧めします。

ちなみに、利用者が集団のなかの一員になりがちな大規模レクリエーションの場でも、個人の名前を呼ぶ、短時間でも１人を見つめる・触れることは有効です。集団の場では個人が埋没しがちですが、こういった対応をすれば個人が引き立ち、レクリエーションへの関心や意欲が高まるきっかけになるかもしれません。チャンスがあれば活かしてみてください。

即実践

大勢のなかから特定の１人にかかわるとき

声をかける

特定の１人に声をかける（１人の名前を呼び、１人を見つめ、１人に触れる）

基礎編

声かけの信頼度は「聴覚＋α」で大きく高まる

体験してみよう

前を向いたまま、いすの立ち座りをしてください。
次に、膝（ひざ）の後ろをいすにつけた状態で、立ち座りをしてください。
どちらのほうが安心して立ち座りできましたか？

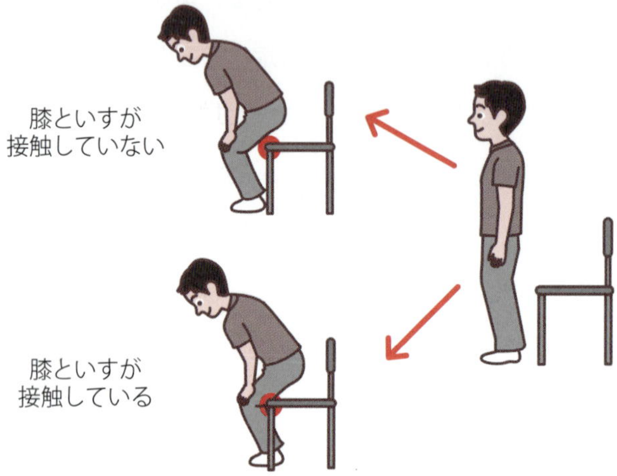

今あなたはどのような音を聞いていますか。ちなみに、今私が聞いている音は

・車の音　・テレビの音　・換気扇の音　・飛行機の音
・鳥が鳴く音　・パソコンをタイピングする音

です。

耳を澄ますと、私を取り巻くさまざまな「音」が聞こえてきます。聴覚は広範囲の情報を聞き取れる便利な感覚ですが、時に不安感や不便さを招くことをご存じでしょうか。

例えば「コトン」という音からどんな出来事を想像しますか。

・コップが置かれた音　・ペンが落ちた音　・靴を脱いだ音

さまざまな出来事が想像できると思います。

正しい音の発生源は「１つ」だけなのですが、聞こえた音から「無数」の可能性が考えられるのが聴覚の特徴です。音の正体がはっきりしない状況は不安なものですし、聴覚だけでは何が起きたかわからないというのは不便なものです。しかし、聴覚はほかの感覚と「組み合わせる」ことで、頼りになる感覚に生まれ変わります。

例えば音を聞いた後、それが何の音であったのかを視覚で確認することができれば、私たちは音の正体を正しく知ることができます。また、布団の訪問販売をしているセールスマンは「フカフカの布団ですよ」と言葉だけで説明するよりも、現物の布団に手を触れてもらいながら説明したほうが、商品に対する信頼を得られると思います。

現場を考えてみます。例えば利用者がいすに腰かけるとき、もし声かけだけで「座ってください」と言っているとしたら、もう一工夫を加えることで、利用者はさらに快適に座れるかもしれません。

信頼できる介助者からの言葉でも、心から信頼するには聴覚だけでは心もとないものです。こんなときに有効なのが、「聴覚＋α」の感覚です。膝の後ろに少しいすを当てて「触覚」を組み合わせたり、後ろを振り向いてもらい、いすを「視覚」で見てもらったりすれば、あなたの声かけを疑う余地はなくなり、気持ちよく座ってもらえると思います。聴覚（声かけ・音）を介助に活かすときは、常に「聴覚＋α」の感覚を意識してみてください。

即実践

いすに座ってもらうとき

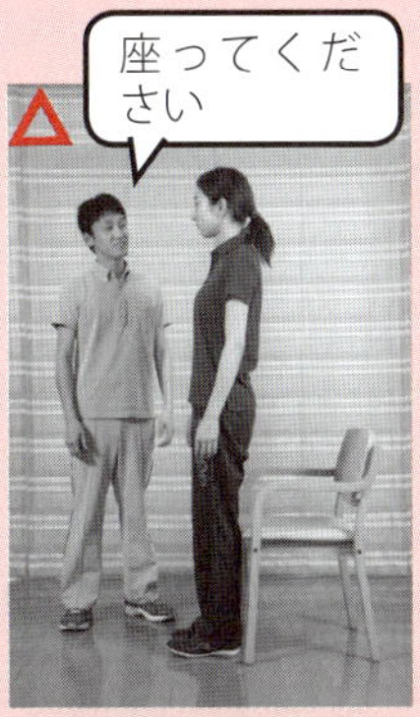
△
座ってください

声かけだけ

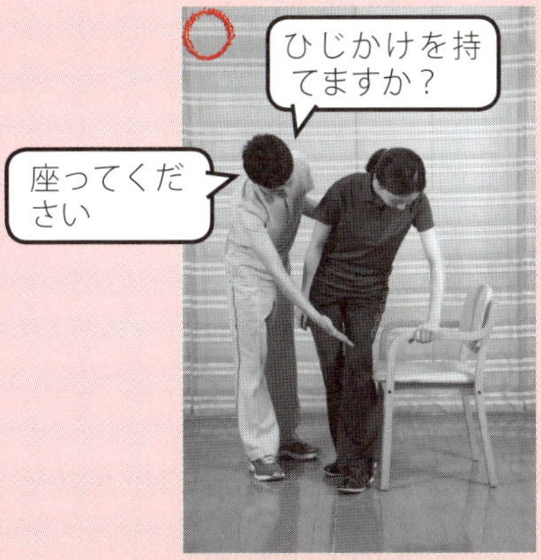
○
ひじかけを持てますか？
座ってください

声かけして、ひじかけに触れ、いすを見てもらう

基礎編

声かけを控えれば、その人らしさを引き出せる

体験してみよう

「ため息」「咳払い」「舌打ち」
これらを聞いたとき、どのような気持ちになりますか？

声かけは大切です。しかし、たくさん声をかければよいというものでもありません。過度な声かけは、時に利用者にマイナスの影響を与えることがあります。例えば、立ち上がり介助を考えてみましょう。どのような声かけが行われるでしょうか。

「立ちましょうか。手すりを持ってください。両手で持ちましょう。足は引いてくださいね。両足はそろえておきましょうか。体を前に倒してください。もっと倒しましょう。準備はいいですか。息をあわせて立ちましょう。せーの。1・2・3・よいしょ！」

極端な例ですが、もしあなたがこれだけの声かけをされたらどのような気持ちになりますか。多くの人が「もう！　好きに立たせてよ！」と感じるのではないでしょうか。過度な声かけは、煩わしさや苛立ちといったマイナスの感情をつくることがあります。

また、声かけを聞き取る「聴覚」は、私たちの意志とは無関係に音を拾い、解釈を

進めるという特徴をもっています。冒頭で示した「ため息」「咳払い」「舌打ち」を例にとれば、これらを聞いたときに私たちは良くも悪くも気分が変わったり、相手への印象が変わったりした経験があるかと思います。これらはただの音でしかありませんが、音が聞こえたすべての人に何らかの影響を与えている可能性があります。

あなたが利用者にたくさんの声かけや音を届けているとして、まずは「ひとこと」減らしてみることをお勧めします。その理由は、もし声かけがなくても利用者が同じように動けるのであれば、きっと利用者は声かけがあったときよりも、なかったときのほうが「自分らしく」動けているからです。自分らしい動きは、外部に影響されていない自由で自然な動きです。それは、生きるうえで快適なことではないでしょうか。

私たちは些細な言葉に傷つくことも、ちょっとした言葉に元気づけられることもあるように、人が発する声かけや音は心のあり方を左右する強い力を秘めています。介助時は、声かけが相手に与えている影響を考えてみてください。

即実践

立ち上がり介助

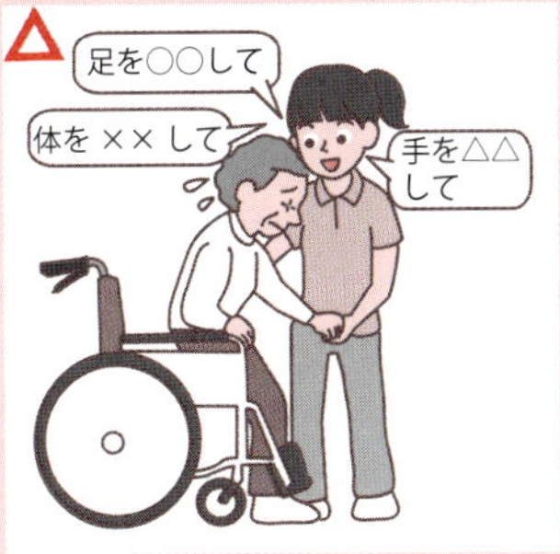

足を○○して
体を××して
手を△△して

たくさんの声かけをしている

声かけを控えている

基礎編

聴覚が２人のリズムを一致させる

体験してみよう

**あなたの知り合いのなかで、
一番ゆっくり喋（しゃべ）る人と、一番早く喋る人を思い浮かべてください。
その２人が会話をすると、何が起きるでしょうか？**

人にはリズムがあります。ここでいうリズムは音楽とは無関係で、体に流れる時間の早さのようなものです。リズムは人それぞれ違います。性格のように元々備わっている要素もありますし、そのときにおかれている状況がリズムを変えることもあります。

・速いリズム　・ゆるやかなリズム　・せわしいリズム
・激しいリズム　・静かなリズム　・穏やかなリズム

人と人とがかかわるときに２人のリズムが合致すると、気が合う・テンポが合う・波長が合うといった良好な関係づくりのきっかけになります。

２人のリズムを合わせるには感覚が必要であり、五感のなかでも「聴覚」が最適な感覚であると私は考えています。聴覚がリズムを合わせやすい理由は、聴覚が２人の間を行き来する感覚だからです。例えば、「おはよう」というあいさつには「おはよう」というあいさつが返ってきます。「最近、調子どう？」という質問には、「元気だよ／まあまあだよ／絶好調だよ」といった返答が返ってきます。もし、２人が同時に話したら会話が成立しません。聴覚によるかかわりは常に自分と相手とのキャッチボールになるため、お互いのリズムをつかみやすい感覚といえます。

現場を考えてみます。多くの場合、年齢を重ねた利用者はゆったりしたリズムになる一方、介助者は激務のなかでせかせかしたリズムになりがちです。もし２人がそのままのリズムで会話をしたとすれば、お互いに違和感を覚えるのは目に見えています。

逆に、リズムの合致した２人は自然とかかわりが深まります。ゆったりとしたリズムをもつ利用者同士が、心地よい雰囲気のなかで長らく談笑する姿を見たことがある方もいるのではないでしょうか。

利用者と介助者が良好な関係を築くには、会話のリズムを合わせることをお勧めします。ここで大切なのは、できる限り利用者から会話をスタートしてもらうことです。利用者の第一声が聞ければ、介助者はそれをリズムの土台にすることができるからです。

私たちは利用者よりも会話のリズムを調整する能力に長けていることが多いため、早いペースでも遅いペースでも会話できます。その能力を、関係づくりに役立ててみてください。

即実践

ゆったりと話す利用者

△
おはようございます
（１秒）
?

１秒で「おはようございます」と伝える

○
おはようございます
（３秒）

３秒で「おはようございます」と伝える

声をかけるときは、耳の得意範囲内から

体験してみよう

人と話をするとき、どのくらいの距離感で話をしていますか？
利用者との距離感と、友人との距離感は同じでしょうか？

聴覚には、音を聞くための得意範囲があります。耳は近ければ近いほどよく聞こえると思われがちですが、実は近すぎると逆に聞き取りにくくなる場合があります。聴覚の得意範囲は、自分から少し離れた位置からはじまっています。

伝言ゲームをしたことがありますか。相手の耳に自分の口を近づけ、ほかの人に声が聞かれないようにヒソヒソ話で言葉を伝えていくゲームです。数人で伝言していくと、最後の人に伝わる頃(ころ)には、最初に伝言した内容とは違った内容が伝わっていることがあります。その理由は、口と耳との距離が近すぎると、発した言葉が「言葉」になりきっていない「息」や「音」の段階で相手に聞き取られてしまい、伝言の内容が不明瞭になるからであると私は考えています。

耳が不自由な利用者と会話するとき、どのようにしていますか。まさに伝言ゲームのように耳元で声を出しているとすれば、逆に聞き取りにくい状況をつくっているかもしれません。

相手に言葉を伝えるには、適度な距離が必要です。私の経験上、難聴の方でも、相手の耳から40㎝程度は離れた位置から声をかける必要があると感じています。

そもそも近すぎる位置での会話では、私は相手の表情を見ることができず、相手は私の口元すら見えません。誰(だれ)かに近くから声をかけられるという行為自体に、抵抗感がある方も少なくないと思います。

大きな声でなかったとしても、周囲の環境や相手の集中力、間の取り方や伝えるリズム次第で伝わる声もあります。お互いの声がしっかりと届き、聞き返されることのない会話は心地よいものです。話をするときは、耳の得意範囲を意識し、明瞭な声を届けてみてください。

即実践

話をするとき

耳元で話をしている

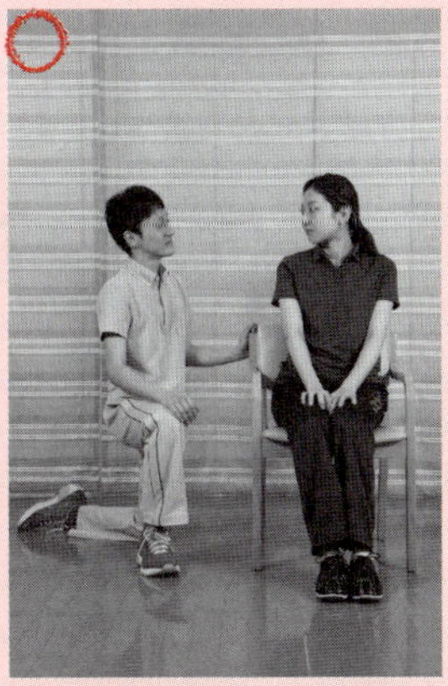

40㎝程度離れた位置から話をしている

基礎編

声をかけたら動かないのがセオリー

体験 してみよう

相手の周りをグルグル回りながら話をしてください。
相手はどのような気持ちになりますか？

私たち介助者は、常に動き回りながら仕事をすることが多いと思います。歩きながら「○○さん、おはよう」と言って立ち去っていく。「○○さん、トイレ行こうか」と声をかけたそばから車いすの後ろに回り込んでいる。利用者は誰が声をかけてくれたのかと声の発生源を探しますが、期待した場所にはすでに誰もいません。時に、こういった動きながらの声かけは利用者に混乱や不信感をもたらします。

耳は四方からの音を聞き取れる感覚であり、私たちは意識しなくても音がした位置や方向がわかります。もし、予期せぬ音が予期せぬ場所から聞こえたとすれば、落ち着いた生活は送れません。例えば誰かのくしゃみ１つでも、遠くから聞こえる場合・足元から聞こえる場合・耳元で聞こえる場合では、音に対する態度が大きく変わると思います。音の発信源がわかることは、安心できる生活に必要な要素です。

介助者が歩きながら利用者に声をかけた場面を想像してみてください。「○○さん」と名前を呼ばれれば、利用者はほかでもない「私に」声をかけてくれたことはわかります。ところが、声がしたはずの方向に顔を向けても誰もいない。「おかしいなぁ……」と思っていると、後ろから介助者が「こっちですよ」と肩を叩いてくる。「なんだ、あんたかぁ」と苦笑いし、この段階で介助者を認識するのでは遅いと言わざるを得ません。本来は、はじめに「○○さん」と声をかけた時点で認識してもらうのが理想的です。

そのために必要なのは、声をかけたらその場を「動かない」ことです。介助者が動かないだけで、利用者は聴覚本来の力を使い、介助者を苦労なく探し出すことができます。

声かけの際に、ほんの数秒立ち止まる心配りをしてみてください。声かけの質と利用者の安心感が、大きく高まるはずです。

即実践

声かけをするとき

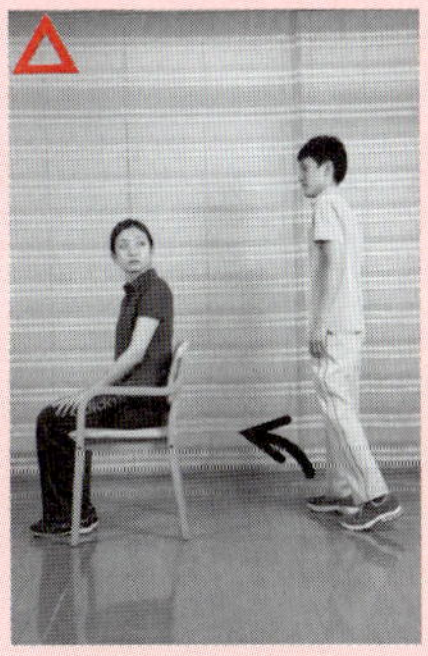

歩きながら声かけ

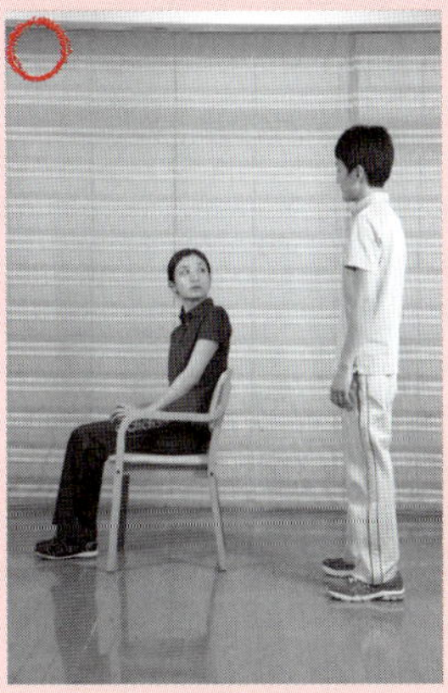

声をかけた位置を動かない

基礎編

V 触覚と介助

基礎編Ⅴでは、介助者と利用者の双方に影響を及ぼし合う触覚の力を取り上げながら、介助に活かせるヒントを探していきます。

（介助に活かしやすいように、介助者の触覚が主となる話には見出しに★印をつけてあります）

基礎編

温もりと安心は「手」から伝わる

体験してみよう

温かい手で触れられたときと、冷たい手で触れられたとき、どちらのほうが心地よい気持ちになりますか？

触覚は敏感な感覚です。私たちは、自分の体に指先が数ミリ触れただけで「触れられている」という触覚を感じることができます。また、皮膚には直接触れず衣服を引っ張るだけでも摩擦（まさつ）を感じられますし、手に息を吹きかけるだけでも風の流れを感じることができます。

多くの人が、触覚は、圧力・摩擦・風など、皮膚に「触れるもの」を感じる感覚だと思いがちですが、触覚は皮膚に「触れていないもの」まで感じられる感覚であることをご存じでしょうか。

試しに、「あなたの左手の甲に、右手のひらを近づけてみてください」。手同士が触れ合わないくらいの距離で、なるべく近くまで接近させてみてほしいのです。そのとき、２つの手は何を感じますか。ひょっとしたら、お互いの手から発せられる「熱」を感じたのではないでしょうか。

私たちが熱を感じられるのは、皮膚に触覚の一種である「温度感覚」があるからです。私たちは、たとえ皮膚に何も触れていなかったとしても外気の熱（温度）を感じることができますし、人と人とが触れ合ったとすれば、熱はさらに強く確かなものとして感じられます。

そしてこのとき、実は熱や圧力以外にも伝わっている感覚があります。握手をしたり抱き合ったり、誰（だれ）かと触れ合った経験がある方は、相手の存在を感じると同時に、心が満たされるような「温もり」や「安心」を感じた経験があるのではないでしょうか。

現場で利用者と触れ合ったとき、「あんたの手は温かいね」と言われた経験があるとすれば、そのときに伝わっているのは熱だけではなく、心の温かさも含まれているかもしれません。

熱には、体温・温度といった「物理的な熱」と、温もり・安心といった「心理的な熱」があり、触覚はこの２つを同時に伝える力をもつ感覚です。私の経験上、人と接するときには多くの人が冷たい手や冷徹な態度よりも、温かい手や温もりのある態度を好みます。

大切なことは、手からも伝わります。利用者に触れるたび、意識してみてください。

即実践

相手に触れるとき

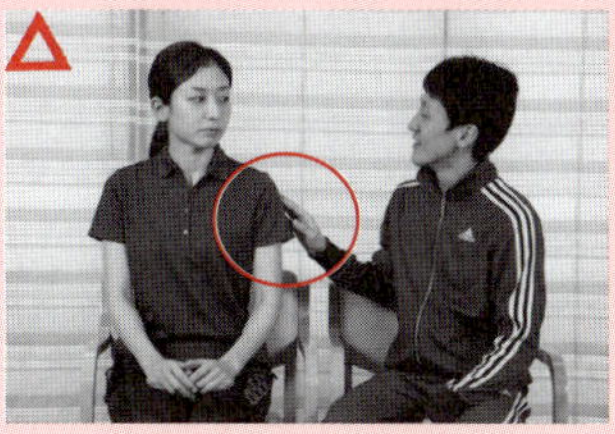

中途半端に触れる

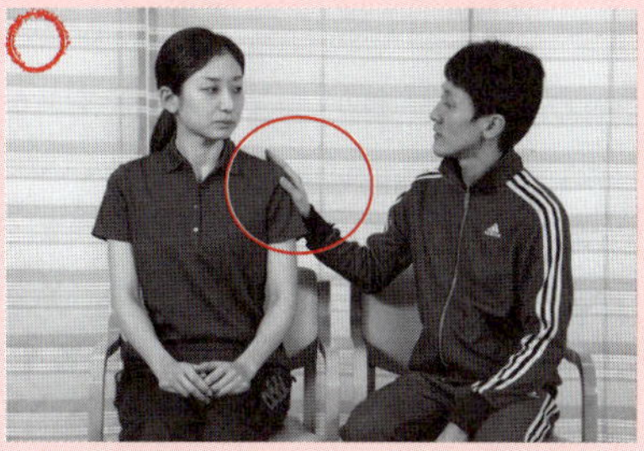

熱が伝わるようにしっかり触れる

基礎編

接触面積の広さが２人の一体感を高める

体験してみよう

立ち上がり介助をします。
相手の背中を「手のひら」で支えたときと
「腕全体」で支えたときでは、どちらのほうが楽に介助できましたか？

１回目　　２回目

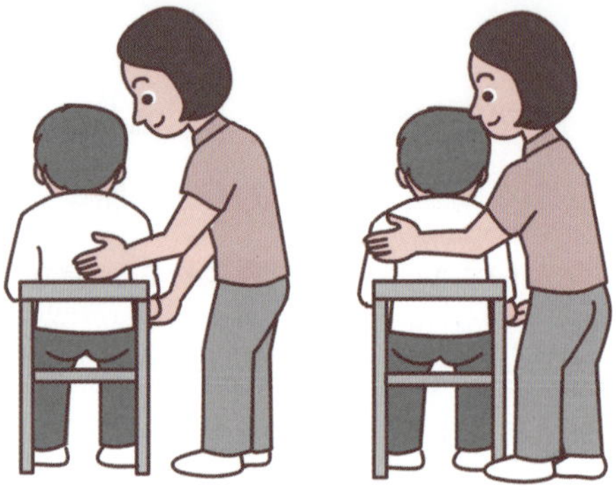

利用者を介助するとき、私たちは力に頼りがちですが、力だけに頼らない介助の１つとして、ここでは「面積」を活かす方法を紹介します。

面積というのは、利用者と介助者の皮膚が触れ合っている「接触面積」のことです。相手と密着していれば面積は広がり、相手から離れていれば面積はゼロになります。介助時に触れている面積を広げることが、力の量を減らすことにつながります。

例えば物を持ち上げるとき、２本指で持ち上げるときと、５本指で持ち上げるときの力の量を比べてみてください。おそらく多くの人が、５本指のほうが持ち上げを楽に感じると思います。

その理由は、２本指のとき２点にかかっていた力が５点に分散されたからです。力がかかる面積が広がれば、持ち上げに必要な力が各面積に分散され、結果的に持ち上げを楽に感じます。

しかし、この説明は「人と物」の関係の話であり、「人と人」の関係では私は別の解釈ができると思っています。人と人の関係では、接触面積が広がると2人の「一体感」が高まるため、動くのが楽になります。

一例として、2人が背中合わせになって床から立ち上がる動きを想像してみてください。この動きは、お互いに息を合わせて協力し合わなければできません。そのためには2人の一体感が必要であり、一体感を高める鍵を握るのが「接触面積の広さ」です。

冒頭の体験では、多くの人が「手のひら」よりも「腕全体」で支えたときのほうが、相手を楽に介助できたのではないでしょうか。それは、手のひらよりも腕全体で支えたときのほうが2人の接触面積が広がり、一体感が高まったからです。一体感は動きの快適さや円滑さにもつながり、お互いの動きを楽にしてくれます。

動くことに手伝いが必要な利用者がいるときは、「相手を動かす」のではなく、「相手と一体になる」感覚を大事にしてください。

即実践

立ち上がり介助

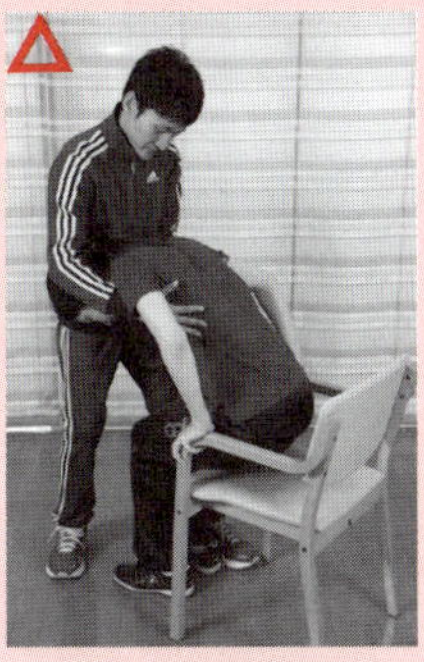

前から脇を持ち上げる（面積が狭い）

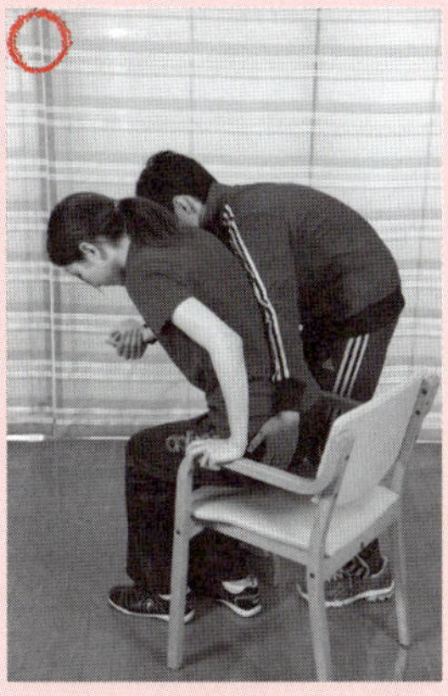

背中からお尻にかけて腕全体で支える（面積が広い）

基礎編

触覚の速さを活用してリスクを回避する★

体験してみよう

同僚や家族に突然転んでもらい、それを支えてください。
相手を隣で見ていたときと、触れていたときでは、
どちらのほうが支えやすかったですか？

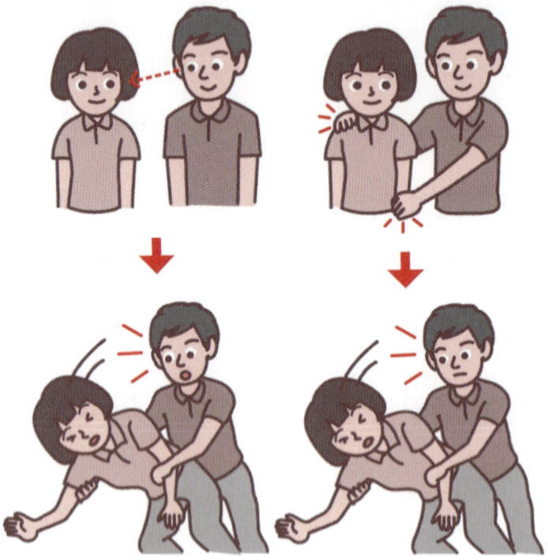

人は、感覚から情報を得て行動を起こします。買い物中「目」で素敵な服を見つければ買いたくなりますし、散歩中「耳」で近づいてくる車の音を聞けば道の端に寄ります。

それぞれの感覚には速さがあり、情報を得てから行動を起こすまでの速度が違います。五感のなかでは、「触覚」が最も行動を起こすのが速い感覚であると私は考えています。

感覚の速さを比較できる例として、2人1組で行う「鉛筆落としゲーム」を紹介します。1人が鉛筆を落とす役になり、もう1人が鉛筆をつかむ役になります。鉛筆が床に落ちれば落とす役の勝ちになり、つかむことができればつか

む役の勝ちになります。いわゆる「白刃取り」と同じ要領です。

このゲームの肝は、落とす役が鉛筆を落とすタイミングを「予告しない」ことにあります。つかむ役は、いつ落ちるかわからない鉛筆を集中して見ながら、「視覚」だけを頼りにつかまなければなりません。反射神経が試される難しいゲームです。

しかし、もしも鉛筆が少しでもつかむ役の手に触れて「触覚」を感じられていたとすれば、途端に簡単なゲームになります。触覚は視覚よりも行動を起こすまでの速度が速い感覚であるため、鉛筆を落とさずにつかめる確率が大幅に上がるからです。

冒頭の体験では、隣で見ているよりも、触れていたときのほうが相手を支えやすかった方が多かったのではないでしょうか。それは、触覚が視覚よりも「支える」行動を起こすまでの速度が速かったからです。「すぐ近くで見ているから大丈夫」と思っていても、いざ転ぶときには視覚の速さでは間に合わないこともあります。

現場を考えてみます。転ぶ危険がある利用者の歩行に付き添うとき、どのようにしていますか。もし、いつ転んでも支えられる位置で付き添っているとすれば、少しでも相手に触れておくことをお勧めします。触れることは、即実践できる大切なリスクマネジメントです。

即実践

転倒の危険がある利用者に対して

近くで見ている

常に触れておく

基礎編

ほんの少しの触覚が、平衡感覚を助ける

体験してみよう

立ち上がり、目を閉じてください。
手がほんの少し壁に触れているときと、触れていないときとでは、
ふらつきの程度はどのくらい変わりましたか？

前項では、転倒の危険がある利用者に対して「常に触れておく」ことが大切であると話しました。実際の現場では、ふらついたりバランスが悪かったりする利用者に対して、多くの介助者が触れる介助をしていると思います。

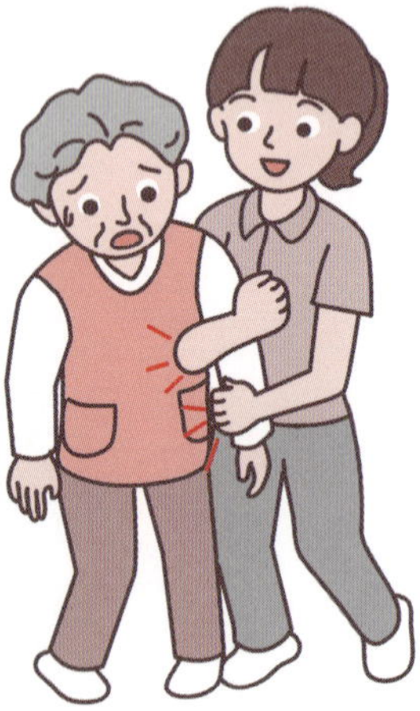

しかし、もしもその触れ方が手や腕を強く握りしめるものであるとすれば、触れ方の度合いを見直すことをお勧めします。その理由は、人のバランスを手助けするには「ほんの少しの触覚」で足りるからです。

冒頭の体験では、多くの人が壁に触れているときのほうが(触れている量はほんの少しであっても)、立ったときの安定性は大きく高まったのではないでしょうか。

私たちはバランスの悪い利用者を支えるとき、「しっかり支える」ことがその方の

力になると思いがちです。しかし、日々しっかり支え続けたとすれば、利用者は介助者に頼りながらバランスを保つようになります。ひょっとすると、その方を「1人では立てない」状態に近づけているかもしれません。

人のバランスを調整しているのは、耳のなかにある前庭器官であり、感覚のなかでは「平衡感覚」といわれます。平衡感覚は、「他の感覚」からの情報が加わることで、バランスを保つ仕事が断然楽に行えるようになります。先ほど、ほんの少し壁に触れただけでバランスがよくなったのは、平衡感覚に「触覚」からの情報が加わったからです。

ふらつきがある利用者は、動くこと自体には問題がない場合もあります。そういった方に対して私たちが行うべき介助は、平衡感覚の仕事を手助けするように、触覚からプラスアルファの情報を感じてもらうことです。

「そっと触れる」——、ただそれだけのことが力になることもあります。

即実践

転倒の危険がある利用者の歩行介助

△ 密着するように支える

○ 触覚を感じてもらうように支える

基礎編

触覚は2人の場所と方向を瞬時に一致させる

体験してみよう

右側を指差しながら「左」と言ってください。
右側を指差しながら「右」と言ってください。
どちらのほうが違和感なく言えましたか？

介助には声かけが必要です。「右手を上げてください」「膝を伸ばしましょう」「左に行きましょう」。現場ではさまざまな声かけが行われています。声かけは利用者と介助者との意思の疎通を助けますが、「体の場所と方向」を伝えるときには、利用者の理解を助ける工夫が必要になります。

私たちは「右手を上げてください」と言われれば、右手を上げられます。これは、「右・手・上」という体の場所と方向をすべて理解しているからできることです。もし1つでも理解できない情報があれば、右手は上がりません。

利用者のなかには情報を理解する力が低下している人がいます。特に体の場所と方向は、耳で聞いた情報を自分の体に当てはめて理解する必要があるため、混乱しやすい情報です。冒頭の体験で、指差した方向と言葉の食い違いに違和感を覚えた方もいると思いますし、突然「左足の薬指に触って」と言われれば、一瞬どの場所だったか戸惑う方もいると思います。

こんなときに理解を助けるのが「触覚」です。例えば、右手を上げてほしいときに、

「右手を上げてください」と言葉だけで伝えたときと、「こちらの手を上げてくださ
い」と右手に触れながら伝えたときでは、相手はどちらのほうが右手を上げやすいでしょうか。おそらく、多くの人が後者を選ぶと思います。その理由は、後者であればどちらが右手であったかを考える必要がなくなり、「こちらの手」は２人のなかで「同じ手」として共通の理解がされるからです。

触覚による理解は、利用者を助けるだけではなく、介助者自身も助けます。介助者は利用者の体に触れながら「ここ」と伝えれば、毎回体の名称を考えながら声かけをする必要がなくなります。特に介助中、相手と向かい合わせになる場面では、相手にとっての「右側」が私にとっての「左側」になるため声かけはさらに複雑になりますが、触覚を活かせばそれも気にする必要がありません。触覚は、頭の理解を飛び越えて、直接２人の理解をつなぐことができる感覚です。

人と人とが言葉だけであらゆる方向と場所を理解し合うのは思いのほか難しいものです。声かけの理解が難しい利用者がいたときには、触覚を活かしながら伝えることをお勧めします。触れるだけで通じ合い、わかり合える関係は、素敵なものだと思います。

即実践

寝返り介助

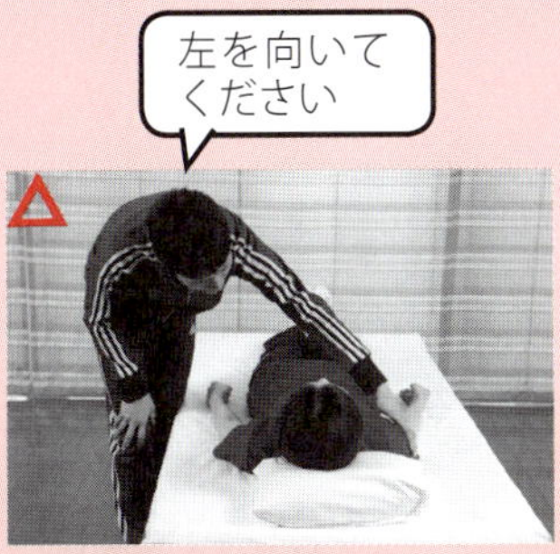

体の右側に触れながら「左を向いてください」と声かけ

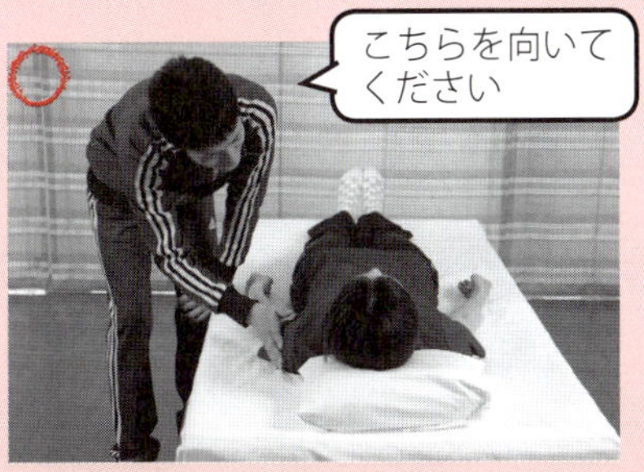

体の左側に触れながら「こちらを向いてください」と声かけ

基礎編

皮膚への刺激が、体を動かしやすくする

体験
してみよう

人差し指を、付け根から指先に向かって数回なでてください。
指は曲がろうとしましたか、伸びようとしましたか？

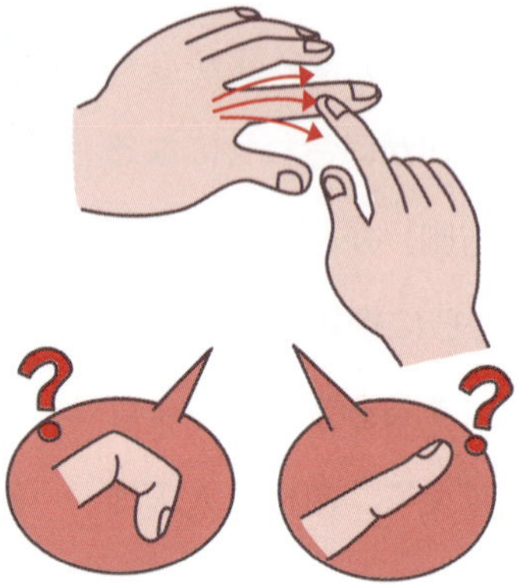

体への触れ方は、人の動きに影響を与えています。動きに困っている利用者がいたら、触れることが力になるかもしれません。

体への触れ方と人の動きとのつながりは、自分の体で簡単に体験することができます。ためしに、自分の右手のひらで左手の甲をなでてみてください。「手首から指先の方向になでる」と手は全体的に曲がりやすくなり、「指先から手首の方向になでる」と手は全体的に伸びやすくなると思います。これを逆のパターンでやろうとすると大変です。手首から指先へなでながら手を伸ばす、指先から手首へなでながら手を曲げる動きは、不自然な感じがしませんか。

私は、こうした体への触れ方と動きとのつながりには「皮膚」への刺激が関係していると考えています。先ほどの体験において、皮膚のなで方で手の動かしやすさが変わったのは、皮膚が昔からやってきた動きを手伝ったか、邪魔したかの違いです。

皮膚は、生まれてから生涯にわたり体中を覆(おお)います。人の体が動くときには皮膚も必然的にその動きに従って動くことになるため、「皮膚」と「動き」は切っても切れない関係といえます。

私たちが手をグーの形に曲げるとき、手の甲の皮膚は指先に引っ張られるようにして伸びる感じがすると思います。このときに手の甲を手首から指先の方向になでると、手が曲がる動きを「手伝う」ことになり、指先から手首の方向になでると逆に動きを「邪魔」することになります。

利用者の動きを手伝うときには、体を動かそうとするよりも、利用者が自然と体を動かせるような／動かしたくなるような皮膚の動きを手伝ってみてください。動かそうとするのは介助者の一方的な思いですが、皮膚への刺激は利用者自身の動きへの意思を引き出します。動きも気持ちも、触れ方１つで変わります。

即実践

立ち座りの介助

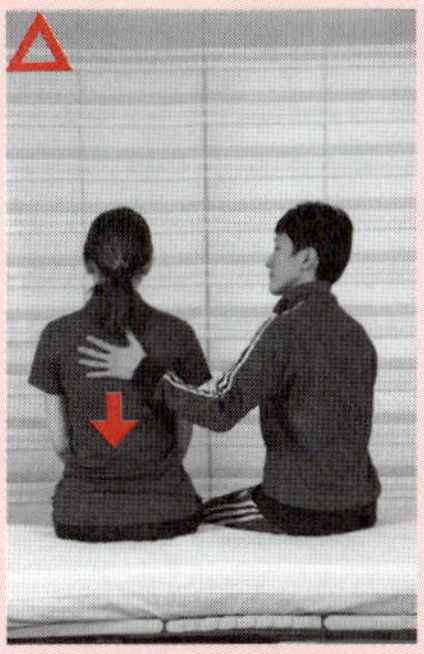

立つときに、肩口から腰にかけてなでる

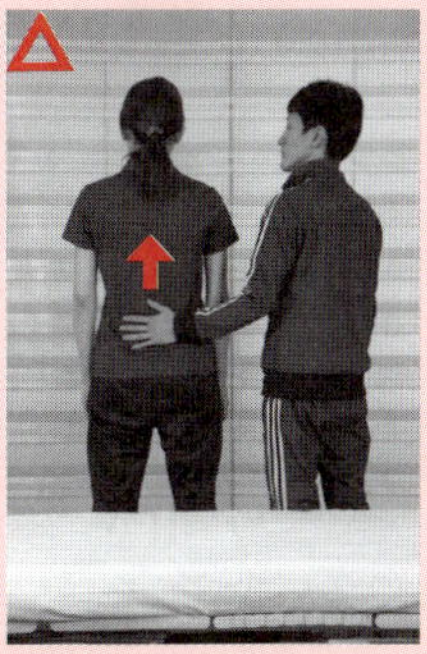

座るときに、腰から肩口にかけてなでる

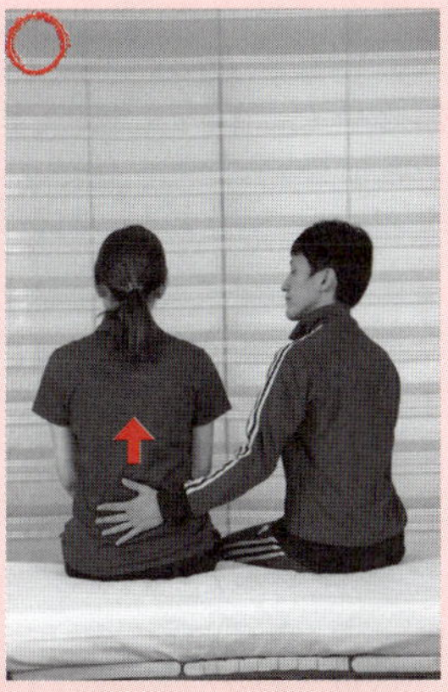

立つときに、腰から肩口にかけてなでる

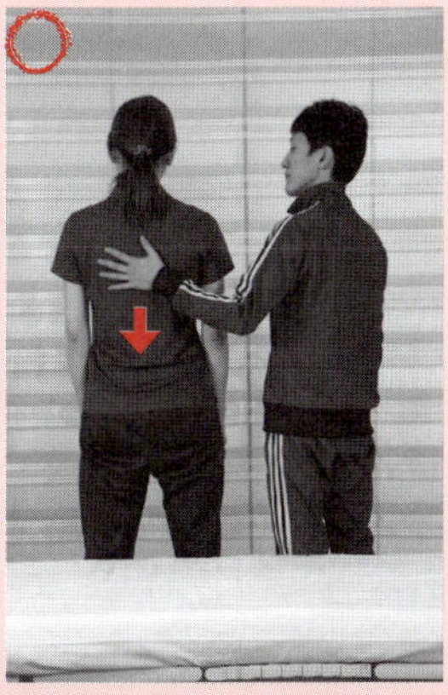

座るときに、肩口から腰にかけてなでる

基礎編

触れ方の質は、口調と表情で変化する★

体験してみよう

優しい表情の人と握手をしました。
険しい表情の人と握手をしました。
どちらのほうが、丁寧(ていねい)な握手ができそうですか？

人の触れ方には連動性があります。介助場面で触れ方と連動しやすいのが、私たちの「口調」と「表情」です。両者を取り上げながら、よりよい触れ方について考えていきます。

口調には強弱があり、同じ言葉でも、口調次第で相手への聞こえ方が変わります。例えば「あちらに向かってください」という言葉を、強い口調と弱い口調で言われたときにはどのような違いがあるでしょうか。おそらく、強い口調で言われれば「あっちに行って！」という命令に聞こえますし、弱い口調であれば「あちらに向かってほしいです」という依頼に聞こえると思います。

私は、こういった「口調」の強弱と触れ方の強弱には連動性があると考えています。一例として、机を強い口調で「触りますよ」と言いながらたたいたときと、弱い口調で「触りますよ」と言いながらたたいたときを比べてみてください。私の経験上、多くの人が強い口調のときには自然と強い触れ方になり、弱い口調のときには弱い触れ方になります。また、強い口調で言いながら弱く触れることは、多くの人にとって行うのが難しい不自然な動きになります。

また、私は口調以外にも「表情」と触れ方にも連動性があると考えています。ためしに、険しい表情で机をたたいたときと、優しい表情で机をたたいたときを比べてみてください。険しい表情のときには自然と乱暴なたたき方になり、優しい表情のときは丁寧なたたき方になったのではないでしょうか。これも、逆のパターンでやると違和感があります。連動性から外れた動きは、体が行うことを好みません。

介助者の触れ方が上手か下手かは、第三者が外から見ていてもわからないと思われがちですが、実は口調と表情からわかることがあります。たいていの場合、厳しい口調・表情の介助者は強く触れていますし、優しい口調・表情の介助者は触れ方も優しいものです。

もしあなたが触れ方の質を高めたいときには、触れ方を意識するだけではなく、口調と表情にも気を配ってみてください。

即実践

触れるとき

△ 強い声かけと険しい表情

○ 丁寧な声かけと優しい表情

安藤のひとりごと

column

手に秘められた潜在能力

世の中にはさまざまな形があります。丸い形、尖（とが）った形、いびつな形……。これらは直線や曲線のつながりでしかありませんが、時に「意味」をもつこともあります。例えば、○△◇◎▽□の図形のなかで、「優しさ」を感じるものを１つ選んでみてください。

おそらく多くの方が、○や◎といった丸みを帯びた形を選んだのではないでしょうか。逆に、△や▽といった尖った形を選んだ方は少なかったと思います。尖った形からは、優しさよりも「攻撃性」を感じる方が多いようです。丸い形というのは、それだけで優しいものです。

ここで考えたいのが、私たちの「手」です。手を見ると、さまざまなところに「丸み」を見つけることができます。10本の指先は丸く、指も円柱状になっています。手のひらについている肉も丸く柔らかそうです。力を抜けば、指先は自然とグーの形に曲がります。

つまり、手は「手の形」をしている時点で優しいということです。私たちは、日々その手を介して相手に触れています。もしかすると、触れるたびに手の優しさが伝わっているかもしれません。そう考えると、１回１回の介助が大切で温かな時間に感じられませんか。

基礎編

Ⅵ 重さと介助

人には重さがあります。「重さ」と聞くと、多くの人がマイナスの印象を抱きがちです。

しかし、地球上で暮らす私たちは、生涯重さと付き合わなければなりません。どうせ付き合うのであれば、良好な関係を築きたいものです。基礎編Ⅵでは、人の重さについて学び、介助に活かせるヒントを探します。

基礎編

数値の重さと感覚の重さを知る

私は、重さには2つのとらえ方があると考えています。それは、「数値の重さ」と「感覚の重さ」です。

数値の重さは、体重や重量で表される重さのことです。38kgのスレンダーな女性、4ｔの大きなゾウ、5ｇのペラペラな紙……。重さが数値で表されていれば、私たちは経験から「おー、重そうだなぁ」「あー、軽そうだなぁ」と重さをイメージすることができます。

しかし、その重さはあくまでもその人が今まで学んできた経験や知識から、頭の中でイメージした重さに過ぎません。実際に自分の体で重さを感じてみれば、もっと違った感じ方ができるかもしれません。それが「感覚の重さ」です。

感覚の重さは、人が実際に自分の体で感じとる重さのことをいいます。重さが個人の感覚に左右されるため、人の個性が表れます。例えば2000ページ程度の辞書を持ったとき、それを持った人全員が「重い」、もしくは、「軽い」と感じることはありえません。なぜなら、「人」は年齢も体格も思考も感情も、全員異なる個性的な生き物だからです。同じ重さを持ったときに、「重い」と感じる方も、「軽い」と感じる方もいるのが普通であり、とても人間らしい出来事であるといえます。

人の感じ方で重さが変わる一例として、「人の気持ちによる重さの変化」を取り上げたいと思います。「同じ重さの箱」が2つあり、一方の箱には仕事の書類がぎっしり入っており、もう一方の箱には誕生日プレゼントが入っていたとします。「はい、どうぞ」と手渡されたとき、あなたが2つの箱に対して感じる重さは全く同じでしょうか。

仕事の箱をイヤイヤな気持ちで受け取ったとすれば、おそらく同じ重さでもより重く感じ、プレゼ

ントの箱をウキウキした気持ちで受け取ったとすれば、同じ重さでもより軽く感じるのではないでしょうか。このように、人の感じ方で重さが変わるのが「感覚の重さ」の特徴です。

「数値の重さ」は、重さそのものに特別な変化を加えない限り変わることはありません。しかし、感覚の重さは重さそのものが変わっていなくても、人の感じ方次第で「一瞬で」変わる可能性があります。

介助現場にあてはめてみれば、通常介助の最中に利用者の重さ（体重）が突然変わることはありえませんが、介助者の感じ方次第では、利用者の重さが突然変わったように感じられる可能性があります。もっと端的にいえば、重い利用者も軽く感じられ、軽い利用者も重く感じられる世界が「感覚の重さ」にはあるということです。

この章で注目する重さは、数値の重さではなく、感覚の重さです。ぜひ頭の中だけではなく、体でも感じながら読み進めてみてください。

基礎編

感覚の重さは筋力が左右する

人の感じ方が感覚の重さに影響を与えています。人の感じ方を左右する要素はいろいろとありますが、私が特に大きな影響力をもつと考えているのが「筋力」です。

私の経験上、人は多くの筋力を使っているときには「重い」と感じやすくなり、筋力をあまり使っていないときには「軽い」と感じやすくなります。筋力と重さとの関係は、介助者の体にも利用者の体にもあてはまることですが、まずは介助者の体を中心に「筋力と重さ」との関係を考えていきます。体験にお付き合いください。

体験
してみよう

伸ばした手の上に本を乗せてください。
次に、曲げた手の上に本を乗せてください。
どちらのほうが重く感じたでしょうか？

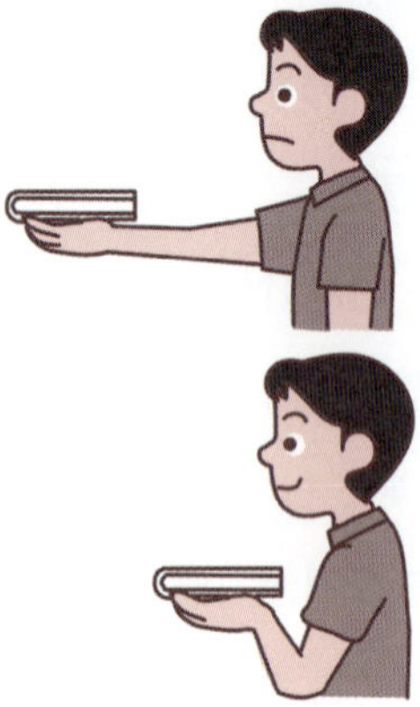

多くの人が、伸ばした手の上に置いた本は「重い」と感じ、曲げた手の上に置いた本は伸ばしていたときに比べれば「軽い」と感じられたのではないでしょうか。その理由は、手の位置を変えたことで体が発揮する「筋力」が変わったからです。

人は手を伸ばしているとき、体の重心から離れた位置で本を支えることになるうえ、手を伸ばしていること自体にも筋力が必要になります。この結果、本を支えるのにより多くの筋力を使うことになり、本を「重い」と感じます。手を曲げているときは、体の重心から近い位置で本を支えることができるため、発揮される筋力が少なくて済んだ結果、本を「軽い」と感じます。

こういった筋力と重さとの関係は、物を通して感じられるだけではなく、自分自身の「体の中」でも感じることができます。体験にお付き合いください。

体験してみよう

立ち上がり、膝をまっすぐに伸ばした姿勢で立っていてください。次に、膝を曲げたままの姿勢で立っていてください。どちらのほうが体を重く感じたでしょうか？

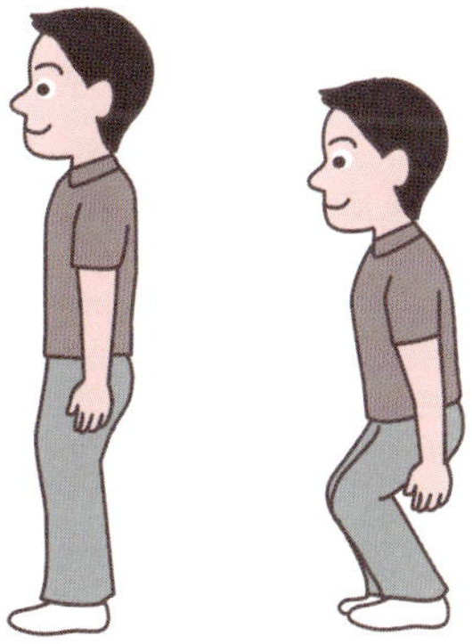

多くの人が、膝を曲げて立っているほうが体を「重い」と感じ、膝を伸ばして立っているほうが体を「軽い」と感じたと思います。膝を曲げて立つ姿勢は、両足が多くの筋力を発揮しないと維持できません。姿勢に多くの筋力を使った結果、体を「重い」と感じます。膝を伸ばして立つ姿勢は、体がバランスを保つことだけに筋力を発揮すればいいので、多くの筋力は必要としません。その結果、体を「軽い」と感じます。

こういった筋力と重さとの関係を、介助現場にあてはめて考えてみます。介助者が利用者を介助するとき、多くの筋力を使って介助していれば利用者を「重い」と感じ、逆に、少しの筋力しか使わずに介助していれば利用者を「軽い」と感じます。

介助のときに注目されがちなのは利用者の重さ（体重）ですが、重さを「重い」「軽い」と感じているのは「介助者自身」です。介助者が、介助に多くの筋力を使えば使う分だけ、（利用者の体重は変わらないのにもかかわらず）介助者が感じる利用者の重さはどんどん重くなります。逆に、介助者が筋力を極力使わないように介助できれば、利用者の重さを軽さへと変えていける可能性があります。

筋力を使わない方法としてお勧めなのが、「介助者が最も介助しやすい姿勢や位置に移動してから介助する」ことです。「介助しやすい」という実感は、介助者が筋力を使わず楽に介助できている証拠です。

その他の方法として、トレーニングなどで筋力をつけたり、利用者にダイエットをお願いしたりすることもありますが、すぐ効果が表れる方法とはいえません。介助者の姿勢と位置を変えるだけなら、今すぐにでも実行できます。後半に「重さを意識した介助の実際」を介助者の動きの一例として掲載してあるので、参考にしてみてください。

ここまでは、介助者の体を中心に重さと筋力との関係を考えてきました。次は、利用者の体を中心に筋力と重さとの関係を考えていきます。

介助のポイント

介助しやすい姿勢と位置に移動してから介助する

基礎編

硬さと重さ、柔らかさと軽さの関係を知る

介助のときにかかわる利用者の重さはいつも同じでしょうか。もし体重が変わっていないにもかかわらず、日や時間帯によって利用者の体を重く感じたり軽く感じたりすることがあるとすれば、それは感覚の重さが変わっている可能性があります。まずは、利用者の重さの変化を実感できる体験にお付き合いください。

体験してみよう

同僚や家族にモデル（利用者役）をお願いし、いすに座ってもらってください。

1．モデルは、手足の力を抜いていてください。
（手足をダランとさせます）
介助者は、モデルの手足を上下に動かしてください。

2．次に、モデルは手足に力を入れてください。
（手を握り、足を固めます）
介助者は、再びモデルの手足を上下に動かしてください。

どちらのほうが手足を重く感じたでしょうか？

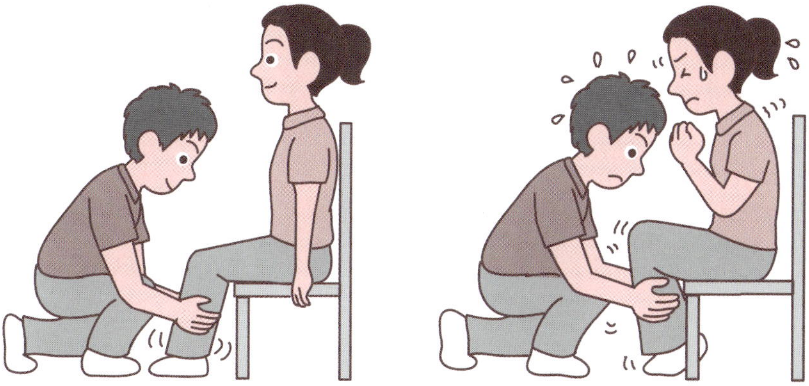

※ここで説明する「手足の力を抜く」というのは、「手足の筋力を使わない＝手足の筋肉を柔らかくする」ことと同じ意味です。また、「手足に力を入れる」というのは、「手足の筋力を使う＝手足の筋肉を硬くする」ことと同じ意味です。

多くの人が、モデルが力を入れているときのほうが手足を重く感じ、力を抜いているときのほうが手足を軽く感じたのではないでしょうか。この背景にあるのは、モデルの体における「筋力と重さ」の関係です。

考えてみれば、手足の重さが瞬時に変わることはあり得ません。手足を構成している肉や骨が欠けでもしない限り、重さは簡単に変わるものではありません。それでも体験のなかで手足の重さの変化を感じたとすれば、その理由はモデルが手足の筋肉を硬（かた）くした結果、手足の重さが胴体（胸部と骨盤）の重さと「一体化」されたからです。

本来、手足の重さと胴体の重さは別々のものですが、手足の筋肉が硬くなると手足と胴体とをつないでいる関節も硬くなり、まるで手足と胴体とが「１つの塊」になったかのような状態をつくります。介助者が手足だけを動かしたくても、手足と胴体とが一体化されているため、別々に動かすことができません。その結果、介助者はモデルの手足と胴体の重さを「一緒に動かす」ことになるため、手足を重く感じたというわけです。

手足だけを動かしたときは、手足に力を入れたときに比べれば軽く感じたと思います。手足はもともと胴体に比べれば軽い部位であるため、胴体と一体化されていない限りは少ない筋力で動かせます。

ここでいえることは、体の部位はほかの部位と一体化することで重くなるため、１つひとつの部位を単独で動かせれば、重さを軽減した介助ができるということです。人の体は大まかに７つの部位（頭・胸部・骨盤・右手・左手・右足・左足）に分けられますが、１つひとつの部位を動かす限りは、介助者が感じる重さは「部位本来の重さ」だけです。そこにほかの部位の重さが加わることで、重さが段階的に増していきます。もし全身の筋肉が硬い利用者がいたとすれば、すべての部位の重さが一体化した状態といえるので、介助者は常に利用者の全身の重さを介助していることになります。

そして、一体化の鍵を握るのが「筋肉の硬さ・柔らかさ」です。筋肉が硬くなると部位同士がつながり一体化することになるため、筋肉にはできる限り柔らかい状態でいてもらうのが理想的です。端的にいえば、筋肉の硬さは重さをつくり、筋肉の柔らかさは軽さをつくります。

今までに重いと感じる利用者に出会った経験があるとすれば、ひょっとしたらその利用者は、重いと同時に筋肉が硬い状態（体に力を入れている状態）にもなっていたのではないでしょうか。もしそうだとすれば、私たち介助者は重さをどうにかしようとする前に、利用者に柔らかな体（筋肉）でいてもらえるような工夫を考える必要がありそうです。

介助のポイント

体の部位１つひとつを本来の重さのままに介助する

基礎編

五感が筋肉の硬さを左右する

利用者に柔らかな筋肉でいてもらうには何が必要でしょうか。そもそも筋肉は、力が入っていない状態であれば柔らかいものです。つまり、利用者が筋肉を硬くするような状況や原因を取り除くことができれば、柔らかな筋肉でいてもらえることになります。

柔らかな筋肉は、介助する私たちはもちろん、利用者自身にとっても好ましいことです。筋肉が常に硬い状態よりも、柔軟性があって硬くも柔らかくもなれるニュートラルな状態のほうが「立つ・座る」といった動きが行いやすくなりますし、「呼吸する、会話をする」といった生きるうえで重要な要素もより快適に行えます。

ここで、利用者が筋肉を硬くする原因や状況を考えてみましょう。筋肉を硬くするというのは、身を強張らせたり、無意識に体を固めたりするような反応も含めて幅広く想像してみてください。漠然と考えるとわかりにくいかもしれないので、五感（視覚・聴覚・嗅覚・味覚・触覚）に沿って考えることをお勧めします。

どのような原因や状況が考えられたでしょうか。五感から感じられるさまざまな感覚が、利用者の重さに影響を与えている可能性があります。ここで可能性という言葉を使ったのは、感覚を感じるのは「人」であるため、体の硬さに関しても人の個性が色濃く出るからです。

例えば、爪で黒板をキーキーひっかく音を聞いたとします。多くの人が耳を塞ぎ、体を硬くするかもしれませんが、全然動じない方もいるはずです。あなたが考えた原因も私があげた例も、必ずしもすべての人にあてはまるとは限りません。すべて正解であると同時にすべて不正解であるといえます。

私たち介助者に必要なのは、かかわる利用者１人ひとりの個性を知り、どのような感覚を好み、また、どのような原因が体を強張らせるのかを把握することであると思います。

しかし、私はここであげた原因や状況のなかで、「触覚」だけはかなり多くの人に

筋肉を硬くする一例

〇視覚
・怖い人が近づいてきた　・汚い物が目の前にある
・乱暴に介助している人を見る
〇聴覚
・耳元でうるさい音が聞こえる　・汚いと言われる
・誰かが叱られる声が聞こえる
〇嗅覚
・便のにおいが充満している　・苦手な香水のにおいがする
・口臭がきつい人との会話
〇味覚
・嫌いなものを食べる　・まずいものを食べる
・舌触りが悪いものを食べる
〇触覚
・腕を強くつかまれる　・肩を激しくたたかれる
・脇の下や腰を触れられる

硬さをつくると考えています。

五感のなかで、視覚・聴覚・嗅覚は比較的体から離れた所を感じる感覚ですが、触覚は直接皮膚に触れたときしか感じられない感覚であり、それだけ人に与える影響力も強いといえます（触覚に関する詳細は、基礎編Ⅴの「触覚と介助」を参考にしてください）。

また、高齢者は視覚・聴覚などが年齢とともに低下していくのに対し、触覚は衰えにくく、年齢を重ねても正常に働くことが多い感覚です。目の前に嫌いな人が来ても、耳障りな大きい音を聞いても、目も耳も不自由であれば人は硬くなりません。

しかし、直接皮膚で感じられる触覚を無視できる方は少ないです。私の経験上、強く激しい触覚は多くの人が苦手としていますし、実際私たちも自分の体で強い触覚を感じれば、それから身を守るように体を硬くするのではないでしょうか。

私たち介助者は、利用者の筋肉に柔らかい状態でいてもらうために、介助の「大前提」として優しい触れ方を心がける必要がありそうです。

介助のポイント

優しい触れ方を心がける

基礎編

人の部位と触覚との関係を理解する

利用者を介助するとき、優しい触れ方を心がけたとすれば、触覚が硬さをつくることはないのでしょうか。実は、触覚に気を配っていたとしても、触れる部位によっては利用者の硬さをつくってしまうおそれがあります。

私は、人の体には「強い部位」と「弱い部位」があると考えており、その部位は、触れるうえで好ましい部位と好ましくない部位でもあります。まずはその部位を、人を正面から見たイラストを参考に確認していきましょう。

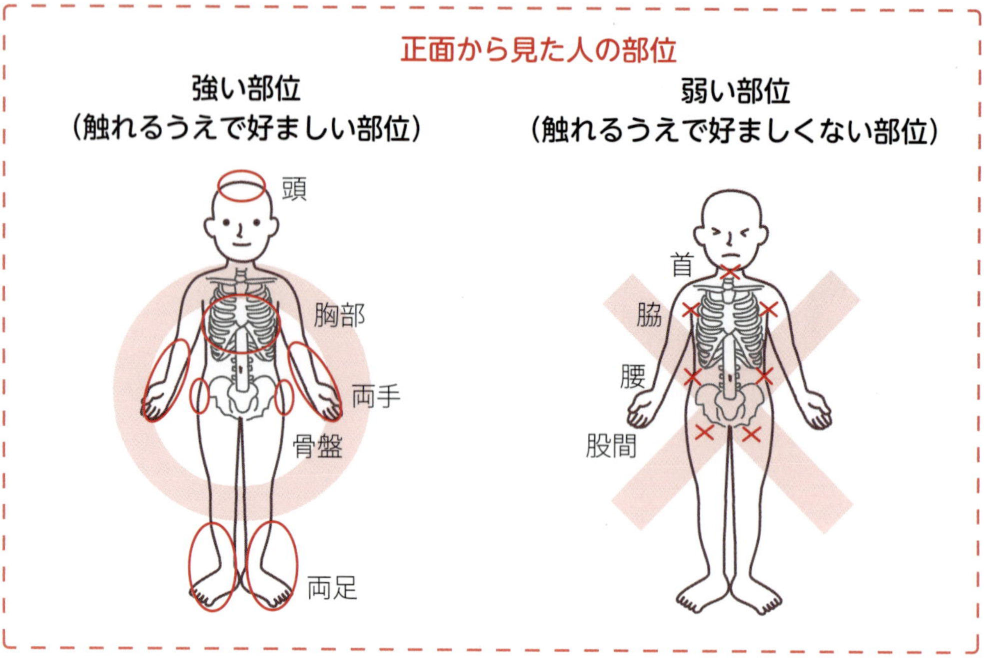

私の経験上、×印がある部位は、多くの人にとって触れられたくない「弱い部位」です。脇や腰に触れられた経験がある方は、くすぐったかったり不快だったりして、身を守るように体を硬くしたことがあるのではないでしょうか。

それに比べると〇印がある部位は、多くの人にとって触れられても大きな影響が出にくい「強い部位」です。介助のときには、介助者は触れ方に気を配るとともに、どの部位に触れているのかを意識する必要があります。

さらに、〇印がついている部位であっても、それが体の前側か後側かによって強さと弱さが異なってきます。先ほどのイラストを、今度は横方向から見ていきましょう。

私の経験上、人には〇印の部位であっても、その部位を横方向から見れば触れるうえで好ましくない×印の部分が含まれています。×印の部分に触れるべきでない理由は、×印の部位には人にとって外部に脅(おびや)かされてはならない大切な器官が集中しているからです。その部位に触れられれば、多くの人が外部からの刺激を拒絶するように体を硬くします。

横方向から見た人の部位

強い部位
（触れるうえで好ましい部位）

弱い部位
（触れるうえで好ましくない部位）

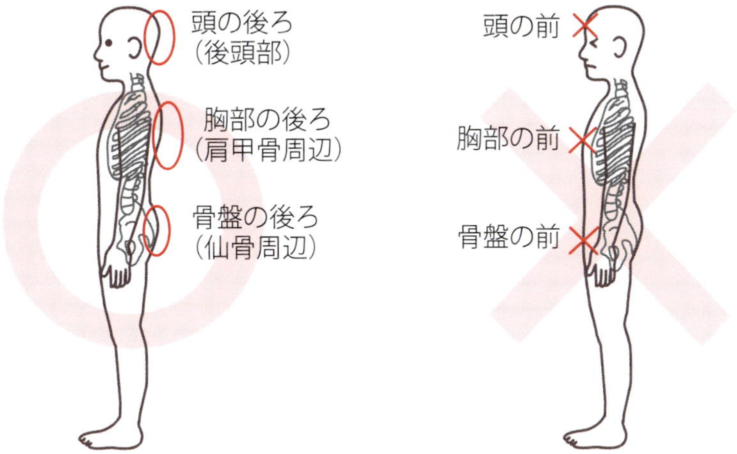

触れるうえで「好ましい／好ましくない部位」についてまとめると、介助のときに触れられる部位は限られてきます。介助中に触れられる部位は、①頭の後ろ、②胸部の後ろ、③骨盤の後ろ、④両手足だけです。これが多いと思えても少ないと思えても、私たち介助者はこれらの部位以外には極力触れないようにすることが、望ましい介助のあり方であると考えています。

今までの経験のなかで、介助のときに「重い」と感じる利用者に出会ったことがありますか。もしあるとすれば、介助のときに利用者の「どの部位」に触れていたでしょうか。もし触れるうえで好ましくない部位に触れていたとすれば、その利用者の重さは、私たち介助者が「つくった重さ」かもしれません。介助のときには、利用者に体を硬くする刺激を与えないように、体の強さと弱さを意識してみてください。

介助のポイント

強い部位を介助して、弱い部位には触れない

基礎編

強い部位と弱い部位の役割を知る

ここまで人の強い部位と弱い部位について学んできて、疑問に思われた方もいるかもしれません。なぜ、人には強い部位と弱い部位が存在するのでしょうか。すべての部位が強ければどこに触れられても不快になることはありませんし、触れる部位を気にしながら介助する必要もなくなります。私はこの理由を、人がよりよく生きるために体に仕組まれた知恵であると考えています。

強い部位と弱い部位には、それぞれ特徴があります。結論からいえば、強い部位は外部に対する「守備」の役割があり、弱い部位は外部との「交流」の役割があります。それぞれの部位が決められた役割をこなすことで、私たちの今の生活は成り立っています。

強い部位は、「頭の後ろ」「胸部の後ろ」「骨盤の後ろ」「両手足」です。

これらの部位は、外部に対する守備を担当しています。守備が行えるだけあって、体のなかでは外部からの刺激に強い部位です。私の経験上、触れられても不快に感じることは少なく、ある程度侵襲性がある刺激からも体を守ることができます。

わかりやすい例として、雷が落ちた場面を考えます。暗雲が立ち込め、激しい雨が降り、家のすぐ近くに「ドーン！！」とすごい音で雷が落ちたとします。そんなとき、体はどんな反応をするでしょうか。おそらく、手で頭を守ったり、膝を抱えるようにして体をかがめたりする人もいるのではないでしょうか。

このとき、体のどの部位が外部と接しているかといえば、先にあげた「強い部位」です。強い部位は、体を脅かすおそれがある外部の刺激（ここでは雷）に対して、弱い部位を守る役割をもっています。弱い部

位は、強い部位に守られることで安全を確保しています。

寝る姿を考えてみても、多くの人が寝るときは上向きになって寝ていると思います。それは、床や地面という硬い面に対して体を守る強い部位で接することにより、弱い部位を守っているからであると考えることができます。

弱い部位は、「頭の前」「胸部の前」「骨盤の前」「首、脇、腰、股間」です。

これらの部位は、外部との交流を担当しています。弱い部位には外部とかかわるための目・鼻・口・胸・性器といった精密で繊細な器官があるだけではなく、心臓や腹部といった生命にかかわる部位や、首や脇といった体を自由に動かすために欠かせない関節も存在しています。

これらの部位は、強い部位に比べれば外部からの刺激に弱くできています。私はその理由を、これらの部位が外部からの刺激に「弱い」という特徴をもつことで、人がその部位を無意識に守ろうとするからであると考えています。

仮に、外部と交流する部位が「強い」という特徴をもっていたとしたら、人はもっと乱暴で無頓着(むとんちゃく)に自分の体を扱うかもしれません。それは結果的に大切な器官や生命にかかわる部位を傷つけることにつながり、末永く生きるには不都合です。そのため、人は弱い部位への刺激を生来的に「不快」「警戒」の刺激として受け取るように生まれているのではないかと考えています。

弱い部位が外部との交流を担当していることがわかる例として、親しい人と再会する場面を考えます。長らく会っていなかった親友や家族と久しぶりに再会するときには、多くの人が体の弱い部位を相手に見せるような姿になると思います。日本で見かけることは少ないですが、外国では日常的に「抱擁」がよく交わされています。

抱擁をするとき、体のどの部位が外部（ここでは相手）と接しているかといえば、先にあげた「弱い部位」です。弱い部位は、外部との交流を図り、相手に友好を示す役割をもっています。少なくとも、強い部位である背中を相手に向けても親しみは湧(わ)きませんし、拒絶のサインと解釈されても不思議ではありません。相手と親密な関係を築くには、お互いに自分の弱い部位を相手にさらけ出せるくらいの関係性が必要だといえそうです。

このように、強い部位と弱い部位にはそれぞれ決められた役割があります。すべての部位が強かったり弱かったりすれば、体の役割が一元的になり、人の多様で複雑な生活は支えきれません。私たちは２種類の部位を時と場合に応じて（無意識に）使い分けることで、豊かな生活を送れています。

介助場面でも、利用者の体の各部位がそれぞれの役割を発揮しやすいように配慮することが、利用者のよりよい生活につながります。きっとそれは、利用者と介助者双方のためになる、質の高い介助であるといえるのではないでしょうか。

基礎編

重さを意識した介助の実際

重さのまとめとして、ここまでに登場した重さに関する「介助のポイント」を具体的な介助で実践したいと思います。介助の例として、軽度・中等度・重度すべての利用者に活かせる寝返り介助と起き上がり介助を紹介します。それぞれの一連の流れを手順に沿って確認し、特に心がけるべきポイントを解説します。

これまでに登場した重さに関する介助のポイント

- 介助しやすい姿勢と位置に移動してから介助する
- 体の部位１つひとつを本来の重さのままに介助する
- 優しい触れ方を心がける
- 強い部位を介助して、弱い部位には触れない

寝返り介助

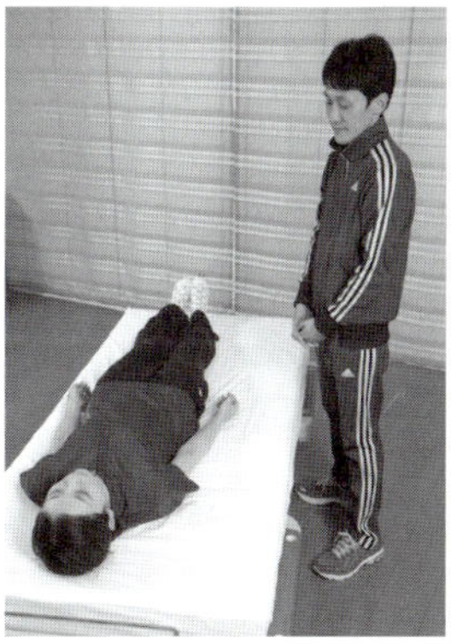

はじまりの姿勢（上向き）

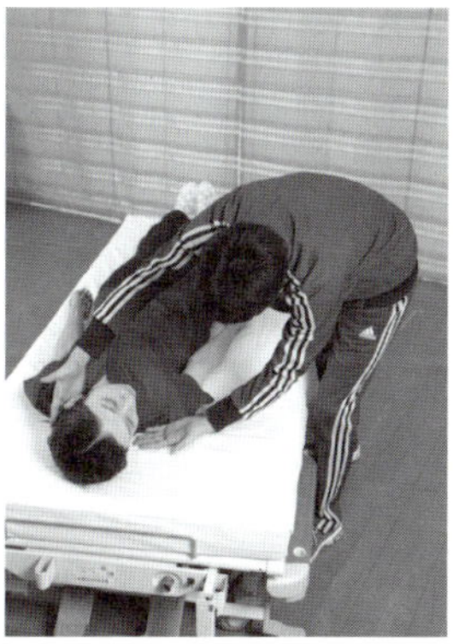

手順①
頭を右側に向けてもらいます。

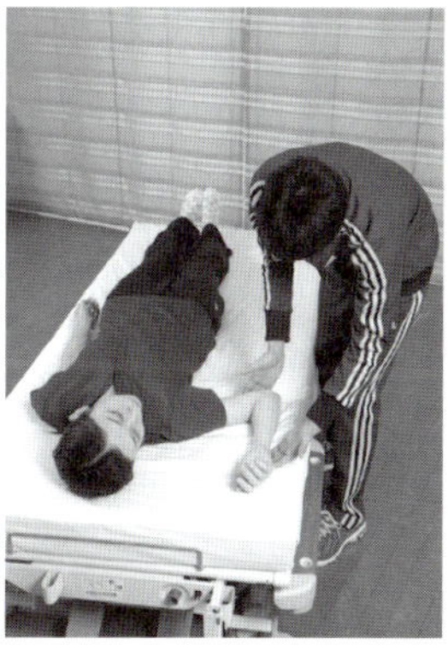

手順②
右手を右側に置いてもらいます。

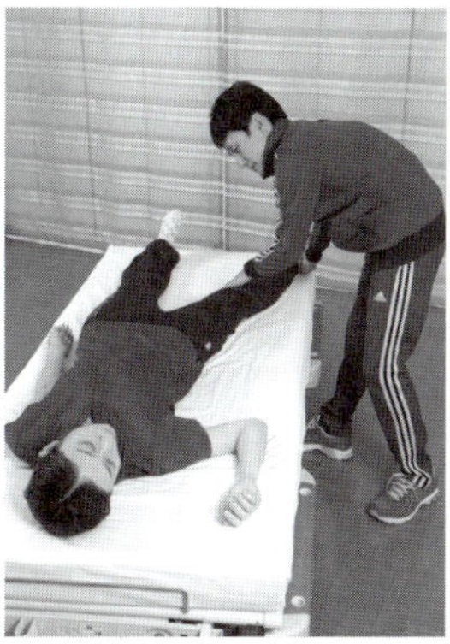

手順③
右足を右側に置いてもらいます。

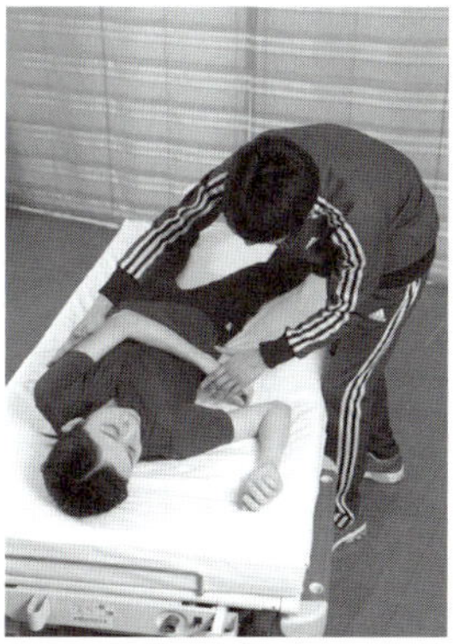

手順④
左手を右側に置いてもらいます。

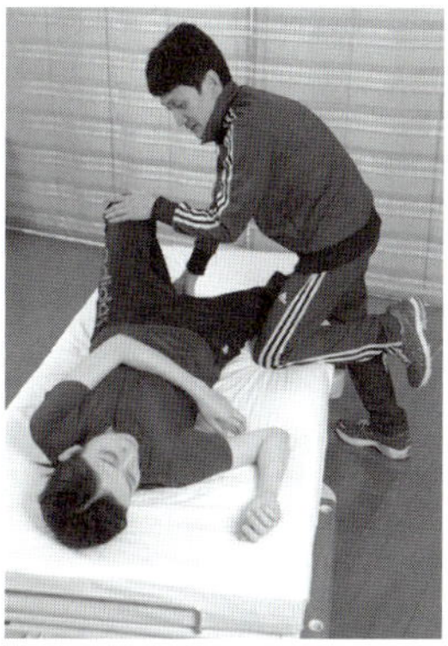

手順⑤
左膝を立ててもらいます。

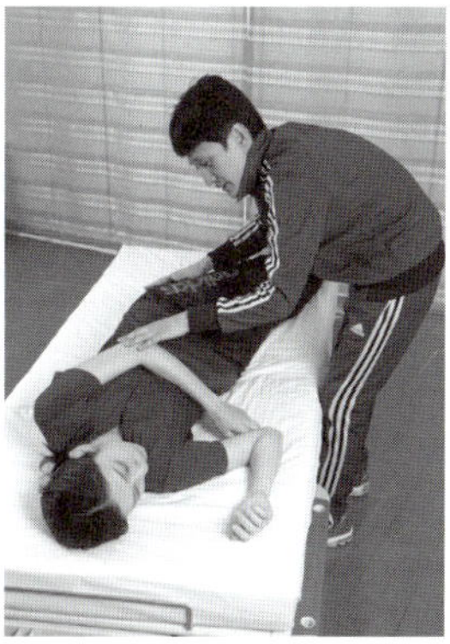

手順⑥
左足で床を蹴って寝返ってもらいます。

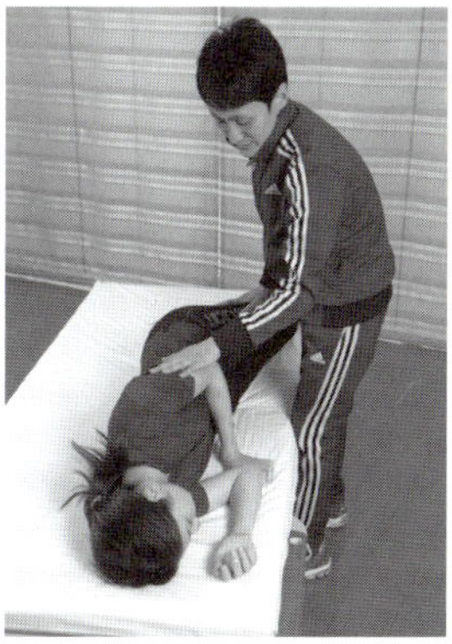

終わりの姿勢（右向き）

〈解説〉

寝返り介助では、複数の部位を同時に介助することはせず、１つひとつの部位を順番に介助していきます。手足と頭を先に介助することで胸部と骨盤はその動きに自然と追随するので、部位が動き出す順番にも配慮が必要です。その際、介助者は最もその部位を介助しやすい位置にそのつど移動します。

利用者に触れるときには、弱い部位への接触は避け、強い部位にだけ触れるようにします。さらに、強い部位に触れるときでも常に優しい触れ方を行い、利用者の筋肉を硬くしないように心がけます。

起き上がり介助

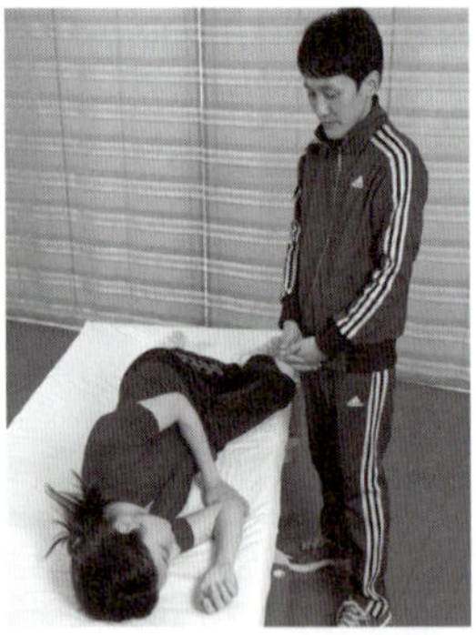

はじまりの姿勢（横向き）

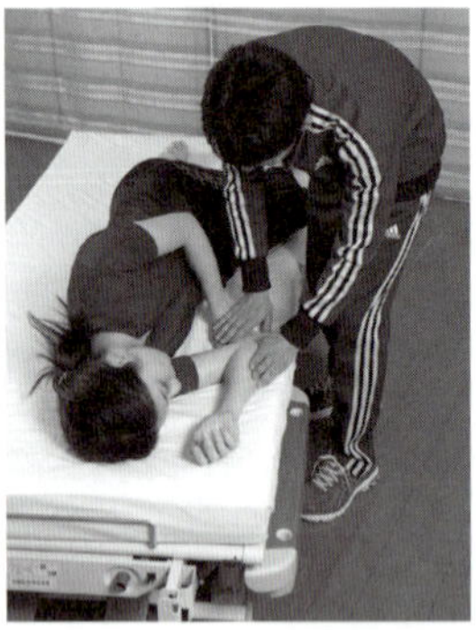

手順①
片手ずつベッドに着いてもらいます。

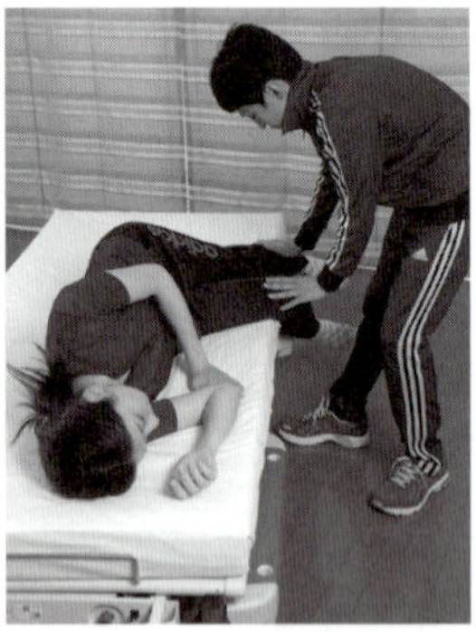

手順②
片足ずつ床におろしてもらいます。

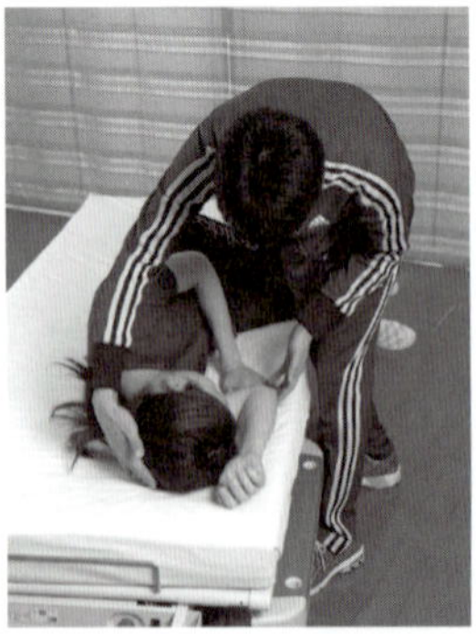

手順③
首を曲げてもらいます。

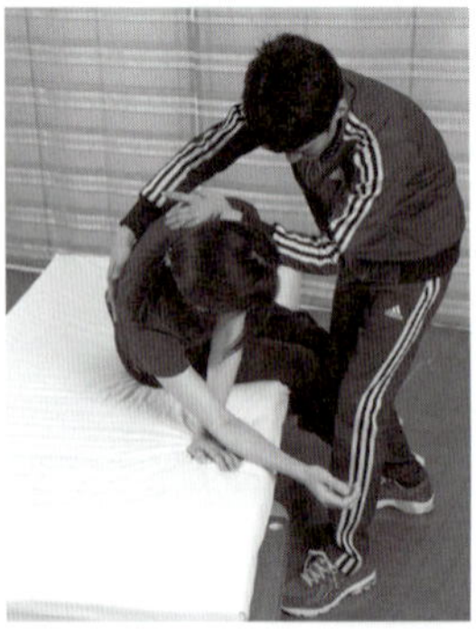

手順④
胸部を介助して、体を起こしてもらいます。

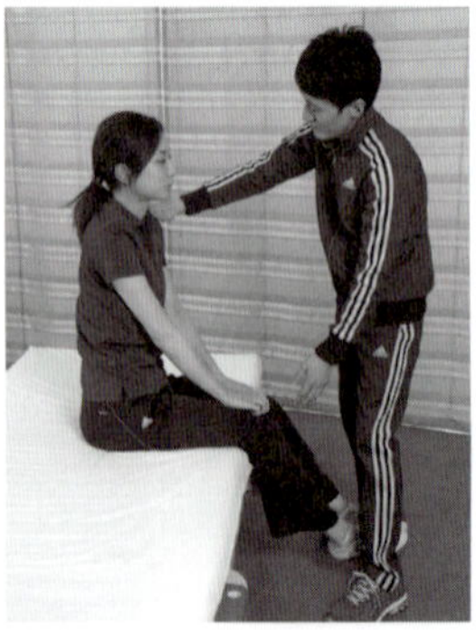

終わりの姿勢（座位）

〈解説〉

起き上がり介助で注意したいのは、横向きの姿勢から動きはじめるように介助することです。上向きの姿勢からまっすぐに起き上がり介助をしようとすると、頭・胸部・手の重さを同時に引き上げることになるので、介助が大変です。はじまりが横向きの姿勢であれば、手足と頭を介助した後に胸部の重さだけを介助することができるので、重さの軽減につながります。

また、起き上がりは体の弱い部位に触りがちな介助でもあります。横向きから動きはじめたとしても、いざ体を起こすときには体のどこかの部位を支えなくてはなりません。このときに多くの介助者が利用者の「首」を支えがちです。首は、頭と胸部の境にあり、手を入れやすい空間が空いているため、ついつい支えに使われがちですが、首は体の弱い部位です。首に触れれば利用者の体はたちまち硬くなり、重さの一体化を招きかねません。起き上がり介助をするときは、首以外の強い部位を介助できるように工夫する必要があります。

その際、私がよく行うのが、胸部の後ろから左右にかけた部位に触れながら介助することです。ここは体のなかで強い部位であるため、利用者の体に硬さをつくることが少なく、重さを軽減した介助につながります。

さらに、起き上がり介助では利用者の上半身が円を描くように大きく動きます。その動きに応じて介助者が立ち位置を変えることで、より少ない筋力で利用者の動きを手伝うことができます。機会があれば活かしてみてください。

基礎編

心をつなぐ重さの役割

重さと介助について考えてきました。最後に、介助技術という枠を越えて、重さが人と人との「心をつなぐ」という心理的な話をしたいと思います。

私たちの多くは、自分の重さを意識しながら生活していません。ダイエット中の方などは日々自分の体重を「数値の重さ」として意識しているかもしれませんが、こと「感覚の重さ」については多くの人が鈍感です。

生まれたときから共に過ごしている自分の重さですから、座るときも走るときも寝るときも一緒です。長い時間を一緒に過ごしていると、その重さはいつの間にか当たり前なものになり、意識することもなくなります。それが今の私たちの状態です。

肌身離さずに過ごしてきた自分の重さを、本当の意味で知っているのは自分だけです。しかし、もしも「私だけの重さ」を「第三者」に手渡すことができるとすれば、一体どのような気持ちになるのでしょうか。今から、私の重さを誰(だれ)かと分かち合う体験をしてみたいと思います。

体験
してみよう

同僚や家族にモデルをお願いし、いすに座ってもらってください。

1．モデルは、手の力を抜いてください。

2．介助者は、モデルの腕全体を支えて、モデルは、手の重さを介助者にすべてゆだねてください。

どのような気持ちを感じるでしょうか？

おそらく、体験された多くのモデルが重さをゆだねることに遠慮や抵抗感、申し訳なさを感じたのではないでしょうか。

ふだんは自分だけしか知らない「手の重さ」です。手は片手だけでも3kg程度あり、軽いものではありません。それを完全に脱力して人にゆだねるには「勇気」が必要だったかと思います。

しかし、この体験の本質は勇気を越えた先にあります。モデルをされた方のなかで、相手に重さをゆだねるなかで、相手への「信頼」を感じ取った方はいませんでしたか。自分の重さをゆだねるという行為には、一時的であっても、相手を信じて頼りきる気持ちが必要です。この気持ちは、最終的に重さを持ってくれた相手への感謝の気持ちや、人と深くつながれた心地よさへと発展していきます。重さには「重量・体重」を越えて、「人の心」をつなぐという重要な役割が隠されているのです。

ここで介助場面を考えます。利用者は、介助のたびに私たち介助者に体の重さをゆだねてくれています。多くの場合、利用者が介助者に重さをゆだね、介助者が利用者の重さをもらう関係になります。それは、実は利用者にとって抵抗感があり、勇気が必要であり、あなたを信頼しているからこそできる行為かもしれません。

重さをゆだねる／もらう場面は、例えば着脱介助時の手の重さであったり、靴を履(は)くときの足の重さであったり、立ち上がり介助時の全身の重さであったり、意識しているとあらゆる場面で見つけることができます。それらすべてのかかわりのたびに、利用者と介助者の間で重さの共有が行われています。重さの１つひとつが、２人の心のつながりを深めるのです。

重さを感じることに意識を向けてみてください。重さはただの重さではなく、私たち全員が生まれてから死ぬまで生涯付き合い続ける、人生の一部です。

実践編

Ⅰ 軽度者の移乗介助
―手足を活かす技術―

手足は私たちの動きを自由で豊かにしてくれる存在であり、上手に活かせば介助の質を高めることができます。実践編Ⅰでは、軽度者の移乗介助を取り上げながら、「手足」について学びを深めていきます。

実践編 軽度者の移乗介助

ここで説明する「軽度者」とは、ある程度は自分で動ける力があるものの、動きに不自由さや不安定さがあるため、介助者の援助を必要としている方です。要介護度でいえば「要介護２～３」の利用者を想定しています。

自分で動ける力がある方は、過度な介助は必要としていません。介助者に求められているのは、その方がよりよく動けるような介入であり、そのための方法の１つが「手足を活(い)かす技術」です。

手足を活かす技術は、

①手足から胴体の順番に動く

②手足を非対称な位置に置く

③体を手足の方向に誘導する

という３つで成り立っており、それぞれの技術は単独で行っても効果が得られますが、３つすべてを行ったほうがより高い効果が得られます。ここでは、３つの技術を総動員した介助の例として、軽度者の移乗介助を紹介します。

適応となる利用者の特徴

- 手で手すりなどをつかむことができる
- 足を床に着けられる
- 手足に力が入り、介助者の手伝いがあれば自分で立つことができる

使用する状況の例

- いす⇔いす間の移乗
- 車いす⇔いす間の移乗
- 車いす⇔便器間の移乗

手順

※状況：車いすから、左側に設置されたいすへの移乗介助

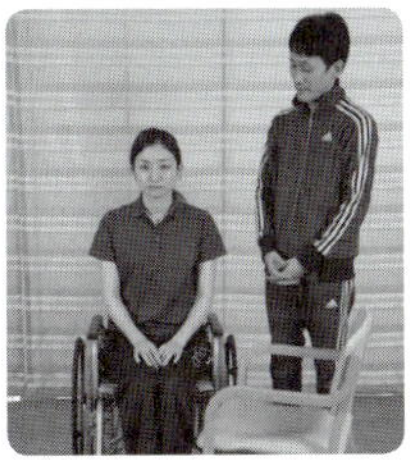
はじまりの位置

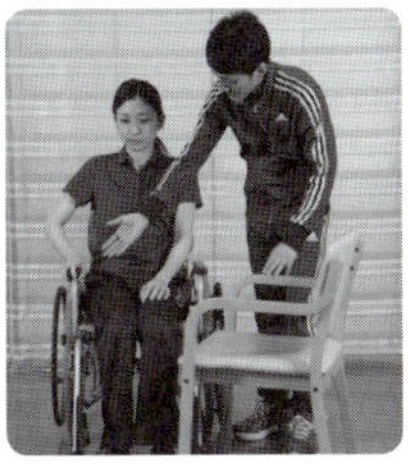
手順①
右手で車いす右側のアームサポートを持ってもらいます。

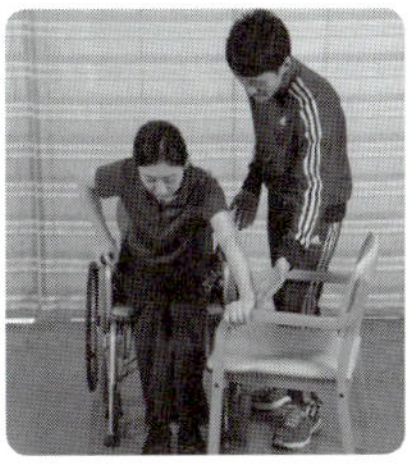
手順②
左手でいす左側のひじかけを持ってもらいます。

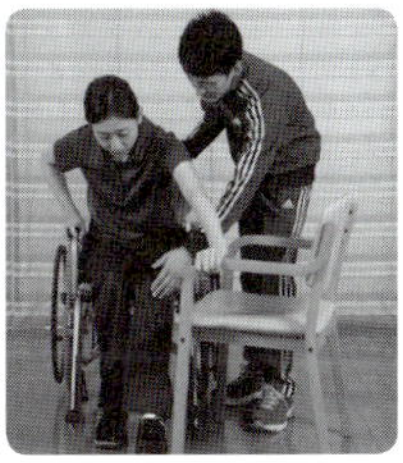
手順③
左足を1歩出してもらいます。

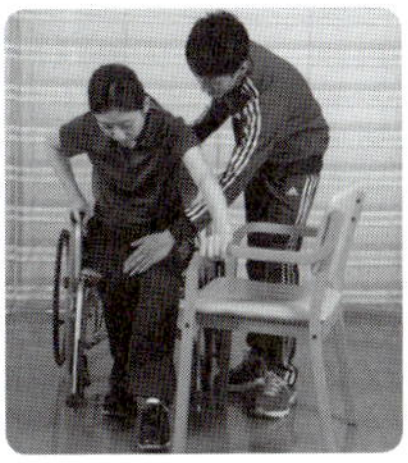
手順④
右足を1歩引いてもらいます。

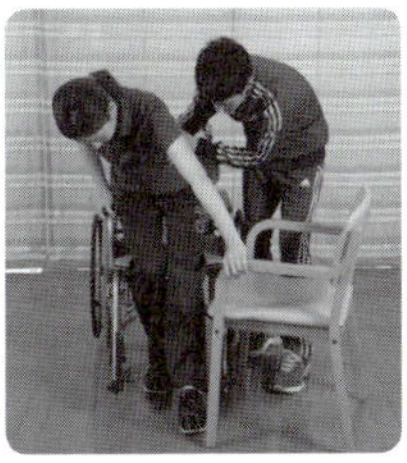
手順⑤
利用者の体を、右足の方向に誘導して立ってもらいます。

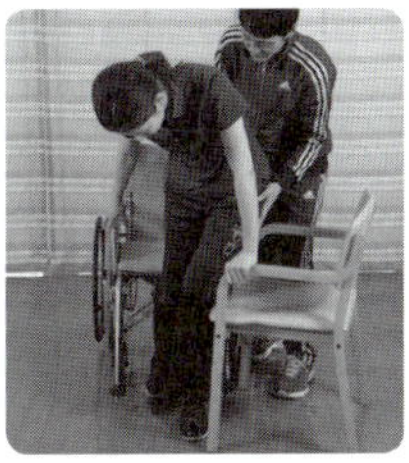
手順⑥
利用者の体を、左足の方向に誘導して座ってもらいます。

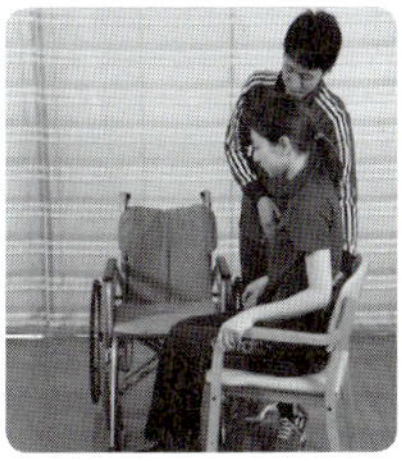
終わりの位置

手順①～④では、手足を活かす技術のなかで「手足から胴体の順番に動く」と「手足を非対称な位置に置く」を、手順⑤～⑥では「体を手足の方向に誘導する」を意識して介助しています。次項より、それぞれの動きを活かす技術について解説していきます。

実践編 手足を活かす技術①
手足から胴体の順番に動く

まずは、「手足を活かす技術①　手足から胴体の順番に動く」について解説します。体験にお付き合いください。

体験 してみよう

歩いてください。
歩き出すときに、動きは体のどの部位からはじまっていましたか。
「胸部・骨盤・手・足」のなかから選んでください。

人を介助するとき、多くの人がはじめに胴体を動かそうとします。ここでいう胴体とは、手・足・頭を除いた胸部と骨盤の部位です。胴体は体のなかで大きい部位であるため、それに比べると細くて小さい手足よりも注目されがちです。胴体さえ動かすことができれば、胴体についている手足は自然と動くと考える方もいます。

しかし、私たちは日常のなかで、「胴体→手足」の順番ではなく、「手足→胴体」の順番に動きはじめていることをご存じでしょうか。人の動きは手足からはじまり、その後に胴体が動き出すのが自然な流れです。もし胴体から動きはじめるような介助をしているとすれば、その動きは人にとってやり慣れない、不自然な動きを手伝っていることになるかもしれません。

冒頭の体験で歩き出すときも、「手・足」から動きのはじまりを感じた方が多かったのではないでしょうか。逆に、「胸部・骨盤」から動きのはじまりを感じた方は少なかったと思います。

動きのはじまりについてより理解を深められるように、もう1つ体験を行いたいと思います。

体験してみよう

机の上に手を置いて、その手の近くまで胸部を動かしてください。
次に、胸部を動かしてから、胸部の近くまで手を動かしてください。
どちらのほうが体を動かしやすかったでしょうか。

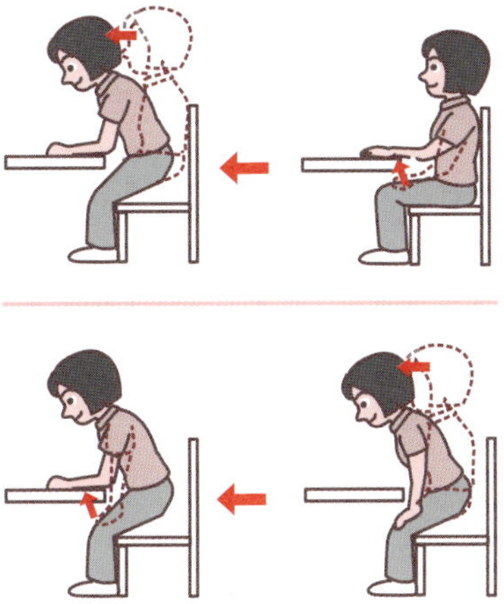

多くの人が、手を机の上に置いてから胸部を動かしたほうが、体を動かしやすいと感じたと思います。逆に、胸部を動かしてから手を動かすのは、ぎこちない動きになったのではないでしょうか。私はこの理由を、**手は胸部の動きを導く存在**であるからだと考えています。

「手と胸部」の二者関係を考えてみます。左右の手は、どちらも胸部にある肩関節から生えるような構造をしています。部位としての動かしやすさを考えれば、胸部よりも手のほうが断然自由に動かすことができますし、そもそも胸部には「自由に動く」という力が備わっていません。胸部を動かしたいときには、胸部とつながっている両手の力を借りるのが得策です。手は物をつかんで引いたり、手のひらで押したりすることができるので、胸部を動かすには非常に適した部位です。こういった理由から、**手は胸部の動きを導く存在**であると私は考えています。

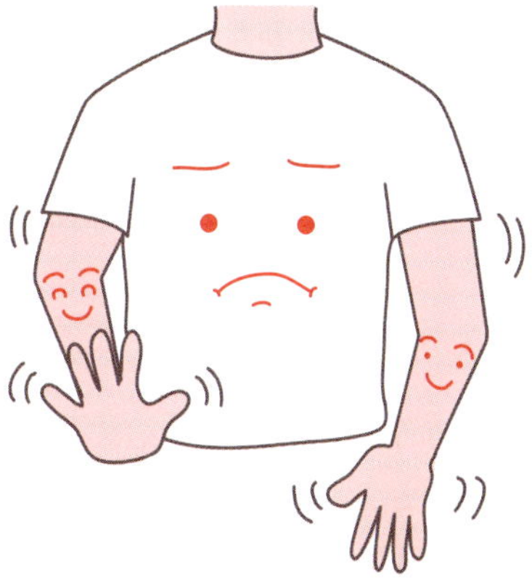

動きに関する二者関係は、「手と胸部」だけではなく、「足と骨盤」にも同じことがいえます。左右の足は、どちらも骨盤にある股関節から生えるような構造をしています。両足は自由に曲げ伸ばすことができますが、骨盤は単独ではほとんど動けません。私たちが歩くときを考えれば、足が床に着き、その足を追いかけるように骨盤がついていきます。足は床を押したり、足をどこかに引っかけて体を引き寄せたりすることもできるので、骨盤を動かすには非常に適した部位です。こういった理由から、**足は骨盤の動きを導く存在**であると私は考えています。

両手も両足も、胸部と骨盤に左右対称についています。人類の多くがそういった構造であるのは、その構造が「生きる」ためにベストだからではないでしょうか。

介助時は手足と胴体との関係を理解し、**手足から胴体の順番に動く**ことを意識してみてください。手足は胴体にとっての「動きの道しるべ」です。

軽度者の移乗介助を振り返る

手順

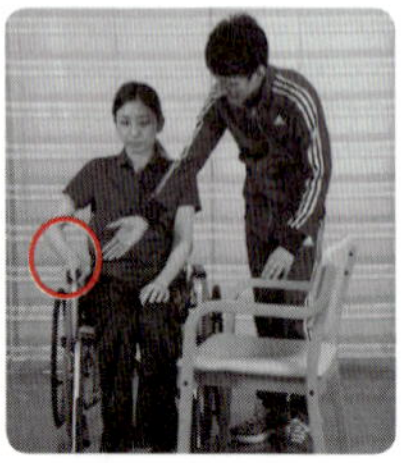
手順①

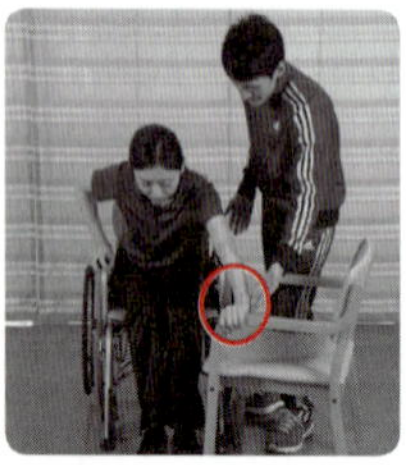
手順②

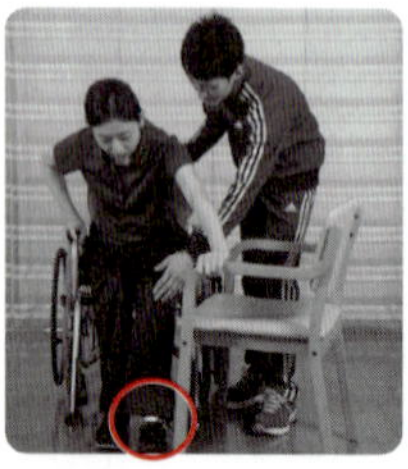
手順③

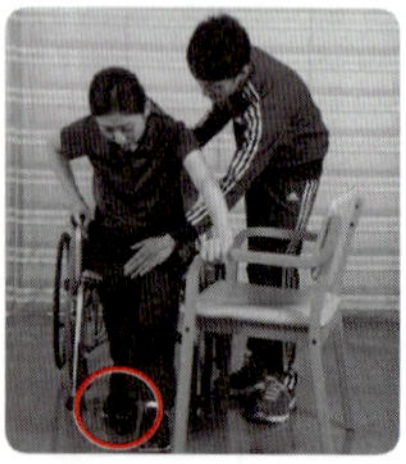
手順④

「手足から胴体の順番に動く」は、軽度者の移乗介助の手順①～④で意識して行っています。とかく移乗は胴体をいすからいすへと移す動きに思われがちですが、胴体が動くのは、順番でいえば最後です。移乗介助時は、胴体を介助する前に、手順①～④のように、４本の手足を介助するようにします。

実践編 手足を活かす技術② 手足を非対称な位置に置く

次は、「手足を活かす技術② 手足を非対称な位置に置く」について解説します。体験にお付き合いください。

体験してみよう

両足を左右対称な位置に置いて立ち上がってください。
次は、片足を1歩前に出し、
両足を左右非対称な位置に置いて立ち上がってください。
立ち上がる動きに違いがあるかどうかを比べてください。

両足を左右対称に置いたときと非対称に置いたときでは、立ち上がる動きに違いはあったでしょうか。もし違いを感じられたとすれば、「立ち上がる」という動きは1つではないことになります。

私は、人の動きは大きく2種類に分けることができると考えています。それは、「直線の動き」と「曲線の動き」です。直線の動きとは、文字通りまっすぐな動きであり、曲線の動きとは、体にひねり・ねじりを加えた動きをいいます。私たちは、この2つの動きを使い分けながら生活しています。

それぞれの動きには特徴があります。直線の動きは、体を1つの場所からもう1つの場所へと最短の距離でもっていける動きです。わかりやすい例として、スクワットやベンチプレスを想像してもらえればと思います。これらは典型的な直線の動きであり、筋力トレーニングの代表的な種目になっているだけあって「力」を必要とします。

曲線の動きは、直線の動きよりも１つの場所からもう１つの場所へと動くのに「時間」がかかります。それは、直線の動きに曲線が加わる分だけ、体が動きの寄り道をすることになるからです。一見、曲線が加わると余計な動きをしているように見えますが、曲線の動きは直線の動きよりも力を必要としません。山登りでたとえれば、直線の動きが険しい山道を一直線に登るのに対して、曲線の動きは歩きやすいなだらかな道を選んで登るようなものです。

	力の必要性	時間の必要性
直線の動き	高い	低い
曲線の動き	低い	高い

２つの動きは優劣を競う関係ではありません。よりよい生活には２つの動きが必要であり、私たちは無意識に両者を使い分けながら暮らしています。

例えば、時間がなくて急いでいるときには直線の動きが適していますし、風邪をひいたり疲れていたりするときには力を使わない曲線の動きが適しています。もし、私たちがその時々の状況に適していない動きを選んでいたとすれば、生活に支障が出るかもしれません。

人には２つの動きが必要だと述べましたが、私の経験上、利用者の多くは直線の動きを苦手とする傾向があります。その理由は、直線の動きには「力」が必要だからです。年齢を重ねた利用者は、大きな障害や病気がなくても力（筋力や体力）が低下している場合がほとんどです。力がない状態で直線の動きを行おうとすれば、それは結果的に「うまく動けない」という状況をつくります。力が衰えがちな利用者に適しているのは、時間はかかっても力があまり必要ない「曲線の動き」であると私は考えています。

利用者に曲線の動きを促したいとき、１つのポイントとなるのが「手足の位置」です。これから行おうとしている動きが直線となるか曲線となるかは、多くの場合、手足の位置で決まります。

先に結論を言えば、「手足が対称な位置」にあれば直線の動きになりやすく、「手足が非対称な位置」にあれば曲線の動きになりやすくなります。冒頭の体験でも、多くの人が、両足を左右対称な位置に置いて立ち上がったときは「直線の動き」を感じ、両足を左右非対称な位置に置いて立ち上がったときは「曲線の動き」を感じたのではないでしょうか。

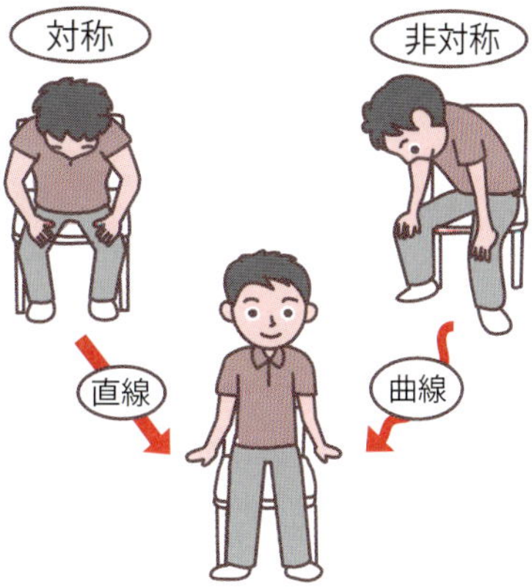

冒頭では「両足の位置と動き」に関する体験をしましたが、次は「両手の位置と動き」に関する体験もしてみようと思います。

体験してみよう

**机があるいすに座ってください。
机の上に、両手を左右対称な位置に置き、
手の力を借りながら立ち上がってください。
次に、両手を左右非対称な位置に置き、
手の力を借りながら立ち上がってください。
手の置き方で、直線・曲線の動きの変化はあったでしょうか。**

おそらく多くの人が、両手を左右対称な位置に置いたときは「直線の立ち上がり」になり、左右非対称にしたときは「曲線の立ち上がり」になったのではないでしょうか。手足の位置が動きを変える理由は、手足の位置が「左右の手足が発揮する力の度合い」に影響を与えているからです。

両手が左右対称な位置にあるとき、その位置から手が発揮できる筋力は左右同程度です。左右の手が均等な力を発揮すれば、上半身がまっすぐに持ち上がり、直線の立ち上がりになります。

両手が左右非対称な位置にあるときは、その位置から手が発揮できる筋力は左右バラバラです。左右の手が不均等な力を発揮しながら上半身が持ち上がれば、体にねじれ・ひねりの動きが加わり、曲線の立ち上がりになります。

	手足の位置	手足が発揮する力
直線の動き	対称	均等
曲線の動き	非対称	不均等

利用者を介助するときには、直線・曲線のどちらの動きを促そうとしているのかを意識する必要があります。直線の動きを促したいのであれば、手足が左右均等な力を発揮しやすいように**手足を対称な位置に置く**必要があり、曲線の動きを促したいのであれば、手足が左右不均等な力を発揮しやすいように**手足を非対称な位置に置く**必要があります。

力の低下した利用者であれば、直線の動きは力が足りず行えなかったとしても、曲線の動きであれば行える可能性があります。人の動きには、２種類の選択肢があることを知っておいてください。

軽度者の移乗介助を振り返る

手順

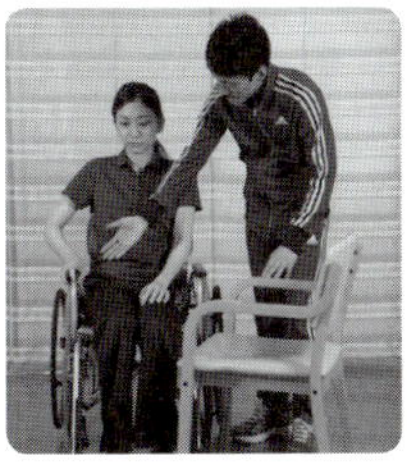
手順①

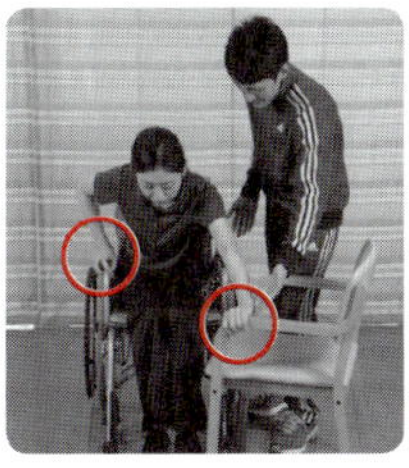
手順②

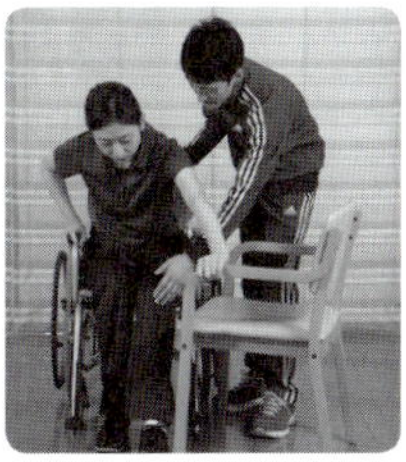
手順③

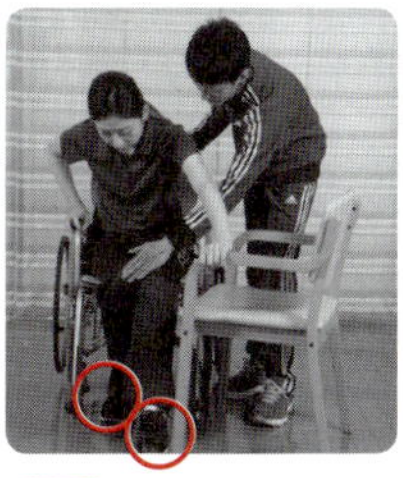
手順④

「手足を非対称な位置に置く」は、軽度者の移乗介助の手順①～④で意識して行っています。

軽度であっても体の力が低下した方に適しているのは、多くの力を必要とする直線の動きではなく、力の必要性が少ない曲線の動きです。

ですので、手順①～④では手足を非対称な位置に置いてもらうことで、曲線の動きで移乗を行う準備をしています。

さらに、このとき手足は、利用者が移乗の最中に手の持ちかえや足の踏みかえを**行わずに済む位置**に置いてもらいます。手順で示した位置であれば、移乗の前後で利用者が手足の位置を変える必要がありません。動いている最中に手足の位置を変えられる方であれば問題ありませんが、変えることでバランスを崩(くず)すおそれがある方には必要な配慮になります。

実践編 手足を活かす技術③ 体を手足の方向に誘導する

最後は、「手足を活かす技術③　体を手足の方向に誘導する」について解説します。体験にお付き合いください。

体験してみよう

両足を左右対称な位置に置き、
体を正面に向けながら立ち上がってください。
次は、両足はそのままの位置で、立ち上がるときに左足、
もしくは、右足の方向に体を傾けながら立ち上がってください。
立ち上がる動きに、直線・曲線の変化はありましたか。

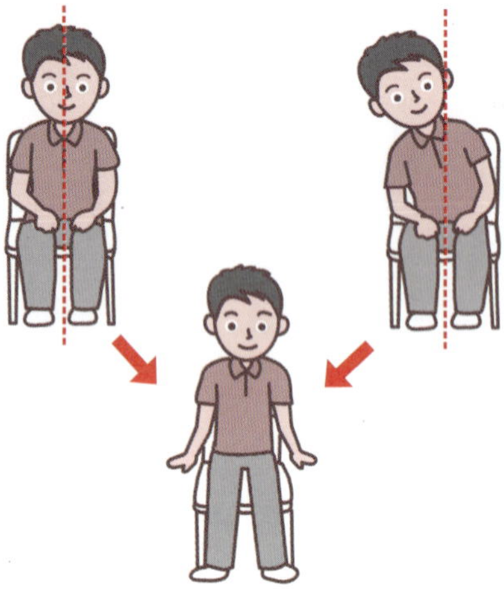

前項では、

手足を左右対称な位置に置く	手足を左右非対称な位置に置く
↓	↓
手足が発揮する力が均等になる	手足が発揮する力が不均等になる
↓	↓
直線の動きがつくられる	曲線の動きがつくられる

という流れを学びました。

人の動きが直線になるか曲線になるかの鍵を握るのは、手足の位置よりも、手足が発揮する力にあるといえます。そう考えれば、手足が左右対称な位置にあったとしても、**左右の手足が不均等な力を発揮すれば、曲線の動きがつくれる**可能性があります。

それを感じられる体験が、冒頭で行った立ち上がりです。おそらく多くの人が、体を正面に向けながらの立ち上がりは「直線の動き」になり、体を傾けながらの立ち上がりは「曲線の動き」になったと思います。両足はどちらも左右対称な位置であったにもかかわらず２つの動きができた理由は、**「体の傾き」が左右の足から発揮される力を不均等にした**からです。

正面を向きながらの立ち上がりは、両足が均等な力を発揮すれば問題なく立ち上がれます。しかし、体を傾けながらの立ち上がりは、両足が均等な力を発揮すれば立ち上がったときに体が倒れてしまいます。体はこの危険を回避するために、左右の足から発揮する力を無意識に調整し、倒れずに立ち上がれるようにしています（「姿勢反射」といわれます）。

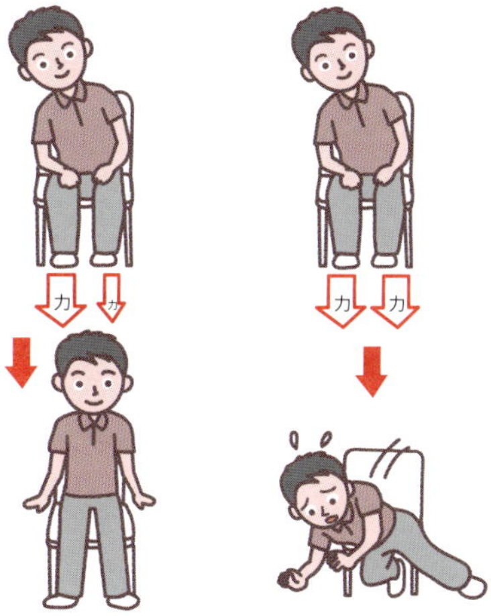

私の経験上、体が右足の方向に傾いていれば、体は右に倒れないようにするため、右足が左足よりも多くの力を発揮します。体が傾けば、**傾いた方向の足が、もう片方の足よりも多くの力を発揮する**ということです。その結果として、左右の足から発揮される力が不均等になり、体からは曲線の動きが引き出されます。

これは、足に限らず手にもあてはまる考え方であり、手足は体がバランスを保ちながら安全に動けるように、力を調整する役目を担っているといえます。ここまでをまとめれば、次の表のようになります。

動くとき、右足の方向に傾く	動くとき、左手の方向に傾く
↓	↓
右足が左足よりも多くの力を発揮する	左手が右手よりも多くの力を発揮する
↓	↓
両足が発揮する力が不均等になる	両手が発揮する力が不均等になる
↓	↓
曲線の動きがつくられる	曲線の動きがつくられる

介助場面でいえば、利用者の体を**手足の方向に誘導する**（傾ける）ことで、その方向の手足からより多くの力が発揮されます。それは結果的に左右の手足から発揮される力を不均等にし、利用者の体から自然と曲線の動きを引き出します。

ただし、体を漠然と左右前後に誘導するだけでは、逆に動きにくさをつくるおそれもあります。体を誘導する際には、力を発揮してほしい手足がどの部位であるのかを見定め、目的をもって体を誘導する必要があります。右手・右足・左手・左足……、動きの主役となる部位を意識しながら、曲線の動きを引き出してみてください。

軽度者の移乗介助を振り返る

手順

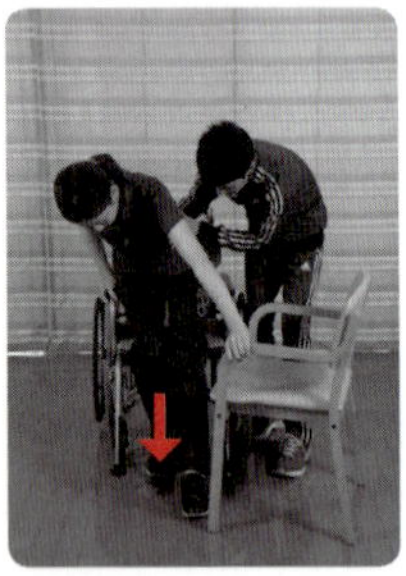
手順⑤

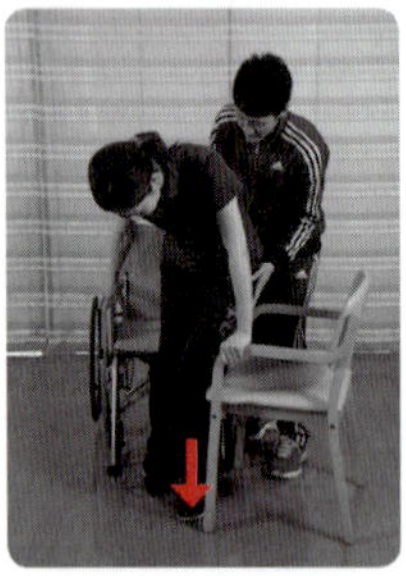
手順⑥

「体を手足の方向に誘導する」は、軽度者の移乗介助の手順⑤～⑥で意識して行っています。

手順⑤では、立ち上がるときに「右足」に力を発揮してもらいたいので、右足の方向に体を誘導しています。手順⑥では、座り込むときに「左足」に力を発揮してもらいたいので、左足の方向に体を誘導しています。どちらの手順も、左右の足が不均等な力を発揮した結果として、体からは曲線の動きが引き出されます。

また、手順⑤で右足に力を発揮してもらいたい理由は、曲線の動きを引き出すことに加え、移乗時の臀部の向きも関係しています。右足が力を発揮すれば、曲線の動きで立ち上がるときに、臀部が自然と移乗先に向きます。臀部が移乗先に向けば、そのまま手順⑥の座り込む動きに移行できるので、移乗が一連の流れとしてより円滑に行えます。

まとめ

軽度者の移乗介助を通して、手足を活かす技術について学んできました。手足を活かす技術は、利用者の手足の力を引き出す技術ともいえるので、軽度者に限らず多くの利用者に用いることができます。しかし、「多くの利用者に用いることができる＝すべての利用者に活かせる」というわけではありません。なぜなら、すべての技術には「適応性」があるからです。

例えば、手足を活かす技術における曲線の動きも、パーキンソン病で体をひねる・ねじる動きが困難な方には不向きですし、長らく直線の動きで生活し続けてきた方にとっては、体になじまず動きにくさをつくることもあります。

「要介護２の利用者」といっても個性はさまざまです。もし杓子定規にすべての利用者に同じ技術を用いれば、利用者が技術に“当てはめられる”可能性すらあり、質の高い介助にはつながりません。

これは、技術を用いる介助者の体にもいえることです。「デイサービスの職員」といっても個性はさまざまです。もし事業所の方針で全職員が同じ技術を行うことが義務づけられていたとしたら、その技術が体に適していない職員は日々無理をすることになりかねません。

利用者・介助者の双方に技術の適応・不適応があるからこそ、世の中には数多くの介助技術が存在します。「介助が大変」と思っている方は、利用者にいま行っている技術が適していないのかもしれませんし、介助者自身が自分に適した技術にめぐり会えていないだけかもしれません。

この章で紹介した手足を活かす技術も、数ある技術の１つにすぎません。万能の技術はなく、誰のためにもならない技術もありません。すべての技術は、あなたと利用者がよりよい介助とめぐり合うための可能性なのです。学びを限定せず、広く深くさまざまな技術と出会うことを願っています。

実践編

Ⅱ 中等度者の移乗介助
―動きをつくる技術―

介護現場では、利用者の「要介護度」が上がるにつれて、介助者の「介助量」も増える傾向にあります。しかし、介助量は、介助者の「動きのつくり方」次第で大きく増減するものです。実践編Ⅱでは中等度者の移乗介助について学びながら、動きをつくる技術の習得を目指します。

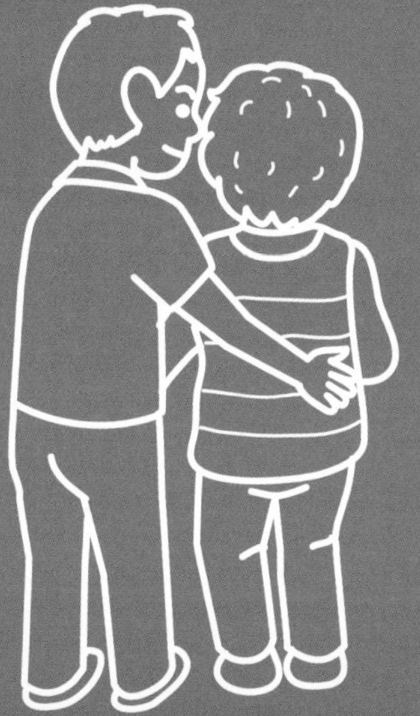

実践編 立てない方には「立つ介助」を選ばない

中等度というのは、要介護度でいえば要介護3～4の方々を想定しています。能力でいえば、1人だけの力では立ち上がるのが困難な方々です。この方々を介助するとき、多くの介助者は「大変」「つらい」「腰が痛い」といった介助負担を経験します。その理由は、**立てない方を立たせるように介助している**からです。

立ち上がる力がない方は、立ってもらおうとしても立てません。平地を歩けない方が山を登れないように、人は能力以上のことを求められても応えられないものです。

リハビリテーションなどの訓練場面においては話が別ですが、日常生活において立てない方を立たせるというのは、ナンセンスであると私は考えています。もし立ち上がることを強いていたとすれば、毎日が「頑張って立たなければいけない」「“できない”を“できる”に変えなければならない」という訓練の日々です。それは、時に生きることをつらくするのではないでしょうか。

こと**移乗場面**においては、立ち上がれない方は無理に立ち上がる必要はありません。その理由は、立ち上がらなくても移乗はできるからです。移乗は、必ずしも「立つ→方向を変える→座る」という動きを必要としません。例えば、「前にかがみ、中腰で方向を変えて座る」という動きでも移乗はできます。ここで紹介する中等度者の移乗介助も、立てない利用者を想定しているため、一連の介助に**立つ動き**はありません。

もし介助者が移乗介助に大変さを感じているとすれば、利用者が「立てないから」大変なのではありません。介助者が**「立つという手段を選んでいるから」介助が大変**なだけです。

人の動きにはさまざまな可能性があります。移乗するための手段は無数にあり、その1つが、ここで紹介する「動きをつくる技術」を活かした中等度者の移乗介助です。

実践編

中等度者の移乗介助について

適応となる利用者

- 自分１人の力では立ち上がれない（要介護３～４を想定）
- 両足を床に着けられる
- 前かがみになれる

使用場所の例

- ベッド⇔車いす間の移乗
- いす⇔いす間の移乗
- 便器⇔車いす間の移乗

手順

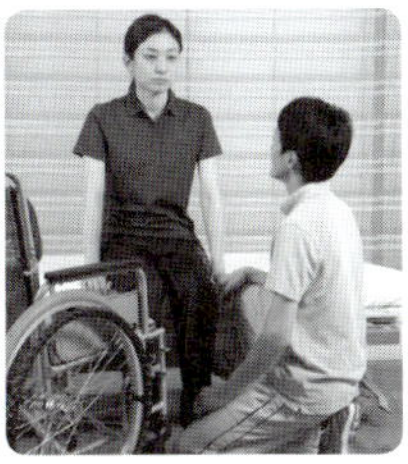

手順①
介助者は床に片膝、もしくは、両膝を着き、利用者にできるだけ近づきます。

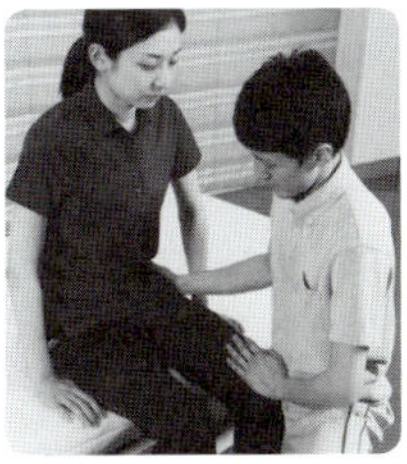

手順②
介助者の足で利用者の左足（移乗先から遠いほうの足）をはさむように支えます。

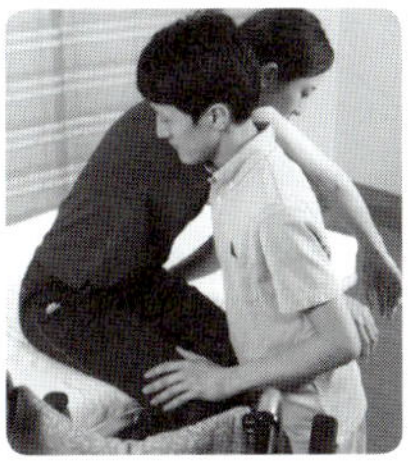

手順③
利用者に前かがみになってもらい、介助者は利用者の脇の下から頭を入れます。

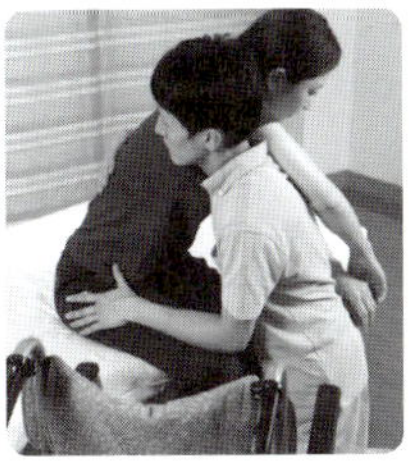

手順④
介助者は密着するようにして利用者の体を支えます。

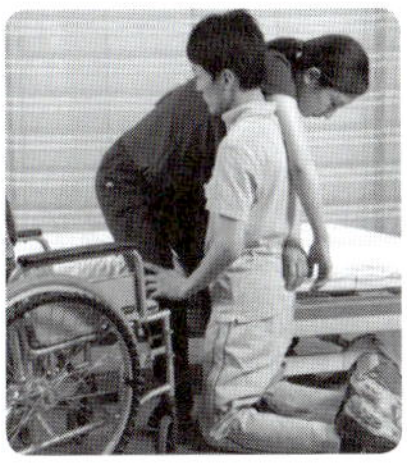

手順⑤
介助者は利用者の重さを左足から右足へ（移乗先から遠いほうの足から近いほうの足へ）と移しながら移乗します。

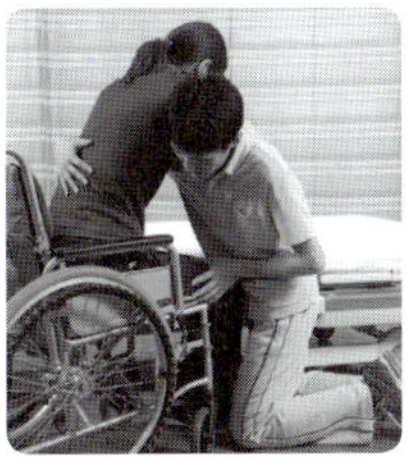

手順⑥
利用者が座ったら、介助者は脇から頭を抜きます。

＜補足＞いすに座る介助

ここで紹介した中等度者の移乗介助には、別のやり方があります。それは、すでに紹介した手順を「介助者がいすに座りながら行う」というものです。膝を直接床に着けるのは、場合によっては不衛生ですし、やり慣れない姿勢に戸惑う介助者もいると思います。また、先の介助は、利用者と介助者に大きな身長差（利用者が長身で介助者が小柄など）があると、介助者が体勢を崩しやすくなることもあるので、そういった場合には介助者の姿勢が「座位」で安定するいすに座る介助が有効です。ただし、介助者によっては、姿勢が安定する代わりに動きの自由度が制限され、介助中の細かな動きが調整しにくくなる場合もあるので、「いすに座る・座らない」は介助者の体の特徴や利用者との体格差により使い分けてみてください。

手順

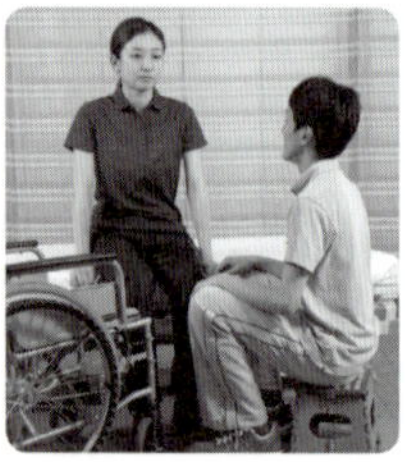

手順①
介助者はいすに座り、利用者にできるだけ近づきます。

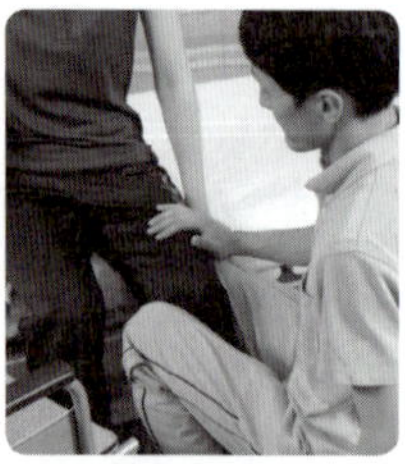

手順②
介助者の足で利用者の左足（移乗先から遠いほうの足）をはさむように支えます。

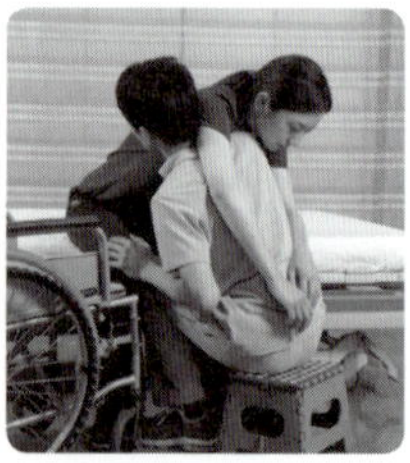

手順③
利用者に前かがみになってもらい、介助者は利用者の脇の下から頭を入れます。

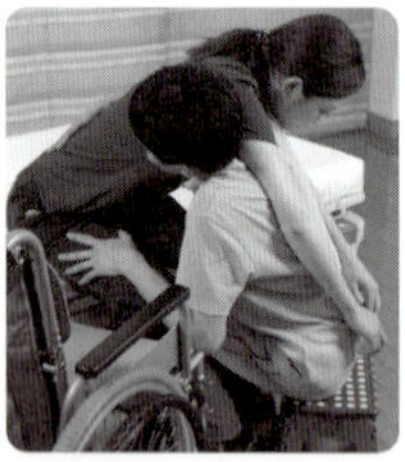

手順④
介助者は密着するようにして利用者の体を支えます。

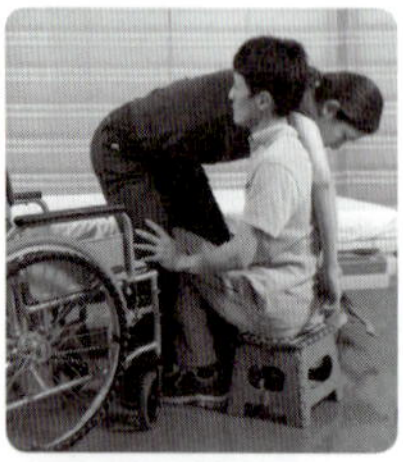

手順⑤
介助者はいすに座ったまま、利用者の重さを左足から右足へ（移乗先から遠いほうの足から近いほうの足へ）と移し移乗します。

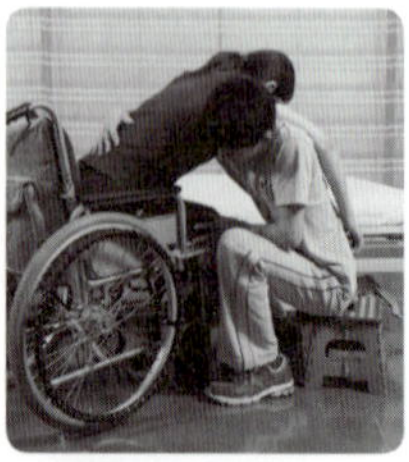

手順⑥
利用者が座ったら、介助者は脇から頭を抜きます。

ここで紹介した中等度者の移乗介助の一連の手順のなかには**3つの動きをつくる技**

術が含まれており、これらが介助の根底を支えています。

- 動きをつくる技術①　空間を活かす
- 動きをつくる技術②　接触面積を増やす
- 動きをつくる技術③　不安定にする

お願い

動きをつくる技術について解説する前にお願いがあります。それは、各項目に載っている体験を実際に行いながら読み進めてほしいということです。

技術は、体験した場合としなかった場合とでは、その理解度や納得度に大きな差が出ます。頭だけではなく、体も理解・納得していなければ、介護現場で体は動きません。ぜひ体験にお付き合いいただければと思います。

いすがパートナー

ここからはじまる体験では、「いす」を使います。いすを利用者に見立て、介助者はいすの動きを引き出すことで、動きをつくる技術を学びます。人といすでは練習にならないと思うかもしれませんが、人といすはよく見れば「似ている」要素があります。

まず「構造」が似ています。人には４本の手足があり、いすも４本の脚があります。長細い部位で体を支えるという構造は、人もいすも似ています。

次に「能力」が似ています。人は立位や座位で長時間安定した姿勢を保つ能力があり、いすは人よりもさらに高い安定性で１つの姿勢を保つことができます。

両者を比べたとき、大きく違うところは「感覚」です。人には五感に代表される感覚があり、たたけば痛みを感じ、運動すれば疲れを感じます。しかし、いすには視覚も聴覚もなく、感覚とは無縁です。人がいすに座ったとして、いすが「この人重いな……。座らせるのも楽じゃないよ……。」と感じていたら怖いことだと思います。

いすは自分の力では動けませんが、人が手伝えば動くことができます。**いすの動きを引き出すことが上達すれば、人の動きをつくることも自然と上達します。**体験の前に、脚が４本ある丈夫ないすを用意してください。これからの体験では、いすがあなたのパートナーです。

実践編 動きをつくる技術① 空間を活かす

まずは、「動きをつくる技術①　空間を活かす」についてです。体験にお付き合いください。

体験してみよう

両手でいすを動かしてください。
1回目はいすから離れた位置で動かし、
2回目はいすから近い位置で動かしてください。
いすの動かしやすさに違いがあったでしょうか。

※いすを動かすときは、いすを「利用者」と見立て、持ち上げる・倒す・引きずるなど粗雑な動きは避けてください。傾ける・押す・引くといった動きを組み合わせ、丁寧（ていねい）に行ってみてください。

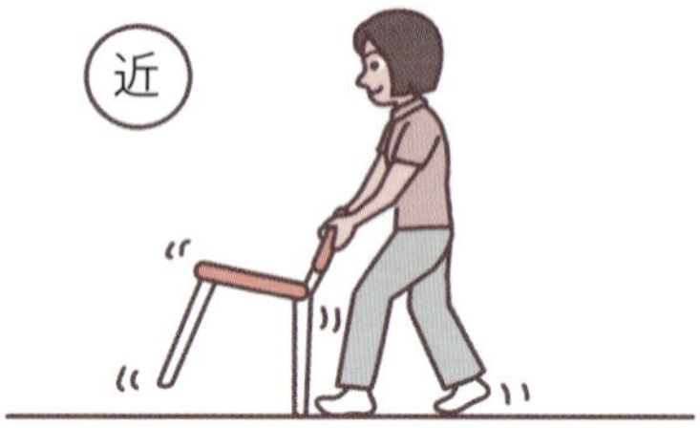

多くの人が、1回目よりも2回目のほうがいすを動かしやすいと感じたのではないでしょうか。人といすとの間にある空間のあり方は、人からいすへの「力の伝わり方」に影響を与えています。私は、人といすとの距離が離れていると力を伝えにくくなり、近いと力を伝えやすくなると考えています。

1回目のように、人といすとの距離が離れていると、人は手を伸ばした状態でいすを動かすことになります。手を伸ばしたままいすを動かすには、手をいすに届かせるために1本の長い棒のような状態にして「固定」する必要があります。そうすると、全身の力を効率よく手からいすに伝えることができません。

2回目のように、人といすとの距離が近いと、人は手を曲げた状態でいすを動かすことになります。手が曲がっていれば、人はそこから手を伸ばすことも、さらに曲げることもできます。そうすると、手は動きに「ゆとり」があるバネのような状態になるため、全身の力を効率よく手からいすに伝えることができます。

例えば、手で壁を押してみてください。手を少し曲げながら壁を押すときと、手を目いっぱい伸ばしながら壁を押すときを比べれば、手を曲げていたときのほうが大きな力が発揮できたのではないでしょうか。それは、手を曲げているときのほうが全身の力が効率よく手から壁に伝わったからです。ここでは、いすの動きをつくる際には、**人といすとの距離は近いほうがいい**ことを感じていただければと思います。

さらに、もう１つ、空間に関する体験にお付き合いください。

体験してみよう

**両手でいすを動かしてください。
１回目は狭い空間のなかで行い、
２回目は広い空間のなかで行ってください。
どちらのほうがいすを動かしやすかったでしょうか。**

多くの人が、１回目よりも２回目のほうがいすを動かしやすいと感じたのではないでしょうか。

人がいすを動かすには力が必要であり、人が力を発揮するには人といすとの位置関係が肝心です。例えば、人がいすに対して正面を向いているときと斜めを向いているときを比べれば、正面を向いているときのほうが力を発揮しやすくなります。

空間に制限がある１回目は、人がいすを動かすのに適した位置まで動くことが難しくなります。そうすると、無理があったりバランスがよくなかったりする体勢でいすを動かすことが多くなり、結果としていすを動かしにくくなります。

空間に制限がない２回目は、人がいすを動かしやすい位置まで自由に動くことができます。いすを動かすときに最も力を発揮しやすい最良の位置関係と体勢を確保できるため、結果としていすを動かしやすくなります。ここでは、いすの動きをつくるには、**人といすの周りの空間は広いほうがいい**ことを感じていただければと思います。

中等度者の移乗介助を振り返る

「空間を活かす」は、中等度者の移乗介助でいえば手順①で意識して行っています。手順①では、空間を活かすために、利用者と介助者との間の距離はできる限り近く、利用者と介助者の周りの空間はできる限り広くしています。

利用者との距離を近くするに際しては、日頃(ひごろ)からお互いに近づいても違和感のない関係づくりが必要かと思います。また、周りの空間に制限があるのであれば、可能な範囲でベッドの位置や家具の配置を変えることをお勧めします。空間を活かすことは、利用者の体に直接触れる前の段階ですが、これからはじまる介助の質を左右する大切なポイントです。

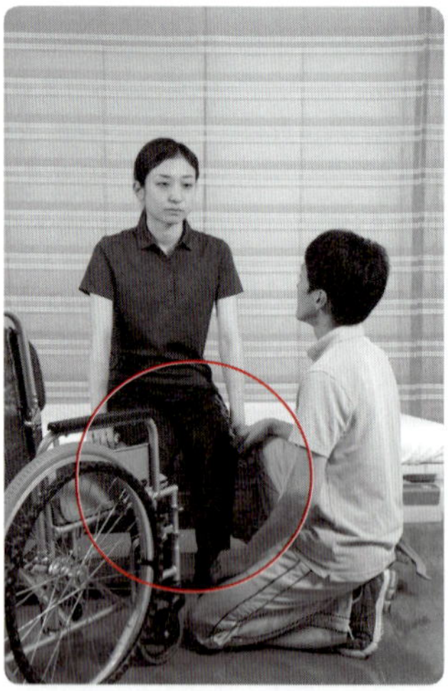

利用者と介助者との空間はできる限り近く

実践編 動きをつくる技術② 接触面積を増やす

次は、「動きをつくる技術② 接触面積を増やす」についてです。体験にお付き合いください。

体験してみよう

いすを動かしてください。
ただし、いすへの触れ方を以下のように変えながら行ってください。

- 片手で動かす
- 両手で動かす
- 腕全体で動かす
- 体全体で動かす

それぞれの触れ方による、
いすの動きの違いを感じ取ってみてください。

ここで質問です。さまざまな触れ方を行ったなかで、

- 少ない力で動かせる
- 滑(なめ)らかに動かせる
- ゆっくり動かせる

という三要素をすべて満たす触れ方はどれかと問われれば、おそらく、多くの人が「体全体で動かす」を選ぶのではないでしょうか。

体全体で動かすときは、人といすとの接触面積が最も多くなる触れ方です。人といすは本来別々の存在ですが、接触面積が多くなることでお互いの物理的な距離が近づくと、「いす＝人」という関係に近づきます。「いす＝人」という関係であれば、お互いの動きを容易に一致させることができるため、三要素の調整もより楽に行える方が多かったと思います。

もし、少ない力で動かしたいだけなら、いすの隅(すみ)を片手で小突けば、いすは床に向かって倒れていきます。もし、ゆっくり動かしたいだけなら、両手でいすを持ち上げ、床まで静かに下ろせばすむ話です。しかし、それではすべての要素を同時には満たせません。私は、ここで登場した三要素「少ない力・滑らかな動き・ゆっくりとした動き」を「質の高い動き」と同義であると考えており、それを人といすとの関係で実現するためには**接触面積を増やす**ことが最も理にかなったやり方であると実感しています。

また、人といすとの関係ではあてはまらないことですが、人と人との関係では、接触面積を増やすことがお互いの心理的な距離を近づける効果も期待できます。詳しくは基礎編Ⅴの「触覚と介助」を参考にしていただければと思いますが、接触は単に触覚を伝え合うだけではなく心を伝え合う役割もあり、接触面積を増やすことは、物理的にも心理的にも介助の質を高める可能性があります。介助の際には意識してみてください。

中等度者の移乗介助を振り返る

「接触面積を増やす」は、中等度者の移乗介助でいえば手順②・④で意識して行っています。どちらの手順のときも、なるべく接触面積を増やせるように「しっかり密着する」気持ちで行っています。接触面積が少ないと、お互いの動きを伝え合うのが難しくなり、どうしても余計な力が必要になったり、利用者の動きをコントロールしたりするような一方的な介助になりがちです。

手順②・④を行うときは、利用者と介助者が１つに近づき、感覚を密に共有し合えるような接触を心がけてみてください。

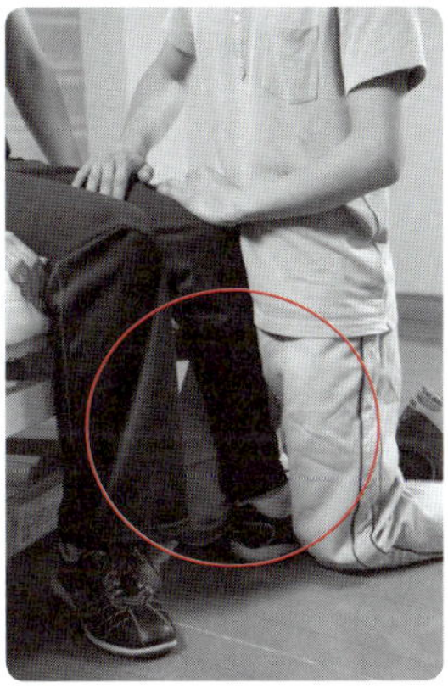

足をしっかりはさむ

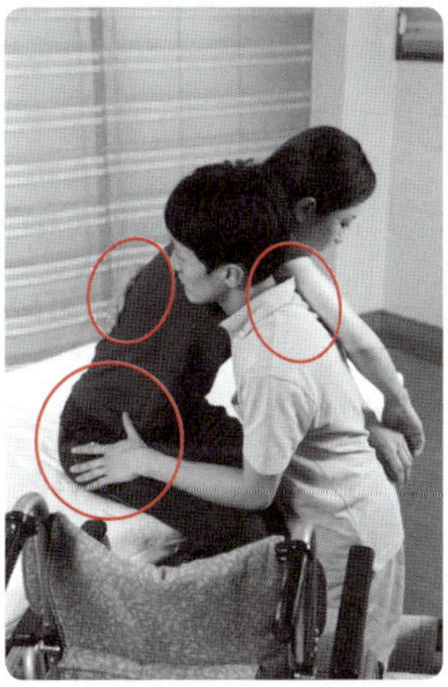

体を密着させる

実践編

動きをつくる技術③ 不安定にする

最後は、「動きをつくる技術③　不安定にする」についてです。体験にお付き合いください。

体験してみよう

いすを持ち上げます。
1回目は、いすを真上にまっすぐ持ち上げます。
2回目は、いすを斜めに傾け、バランスを崩（くず）してから持ち上げます。
どちらのほうが持ち上げやすかったでしょうか。

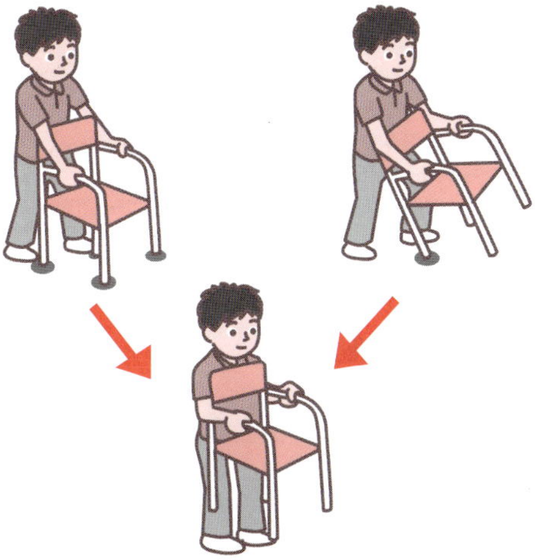

多くの人が、１回目よりも２回目のほうがいすを持ち上げやすいと感じたのではないでしょうか。私の経験上、いすは安定した状態よりも、不安定な状態からのほうが動きやすいものです。動きやすい状態であれば、持ち上げに必要な力も少なくてすみます。

１回目に行ったのは、重量上げのような持ち上げ方です。いすが安定した状態からの持ち上げになるため、その安定を一気に崩す必要があります。安定したものを動かすには大きな力が必要です。円錐△を想像してもらえばと思いますが、床にしっかり接触しているものは簡単には動きません。逆に、球形のように床との接触が少ないものは簡単に動きます。１回目に行った持ち上げは、いすが４本の脚で安定して床に接触していたため、持ち上げるのを大変に感じた方が多かったと思います。

２回目に行ったのは、いすのバランスを崩してからの持ち上げです。いすが不安定な状態からの持ち上げになるため、安定した状態を崩す必要がなく、その分持ち上げに必要な力が少なくてすみます。いすのバランスを崩すには、斜めに傾けて２本脚にする方法と、そこからさらに傾けて１本脚にする方法がありますが、やはりバランスがかなり不安定になる１本脚からの持ち上げのほうが楽です。

バランスを崩して不安定な状態をつくると、いす自身が動ける範囲も拡大します。４本脚のいすは、介助者が力を加えない限りそこから動くことはありませんが、２本脚のいすは介助者がバランスを保っていないと倒れるくらいよく動きます。１本脚のいすであれば、なお動く範囲が拡大し、クルクルとその場で180度向きを変えることすら簡単にできます。つまり、不安定な状態はいす自身の動く力を高めているということです。ここでは、いすの動きをつくるには、安定しているよりも**バランスを崩して不安定にする**ほうがいい

ということを感じていただければと思います。

中等度者の移乗介助を振り返る

「不安定にする」は、中等度者の移乗介助でいえば手順⑤で意識して行っています。

写真ではわかりにくいですが、手順⑤では介助者が利用者の重さをいすの座面から左足に移す前に、利用者の体を軽く「左右」に振っています。これは、体を振ることで体の動きとともに座位の不安定さが増すため、利用者の重さがいすの座面から左足に移りやすくなるからです。大きな揺(ゆ)れは利用者の不安感を招くこともあるので、振る範囲は小さくすることが大切です。

利用者の重さが座面から左足に移ってからは、利用者の重さは主に左足１本で支えられます。先の手順②で介助者が利用者の左足をしっかりと支えられていれば、いすが１本脚のときに大きく動けたように、手順⑤でも利用者の体を移乗する座面の方向にスムーズに変えてもらうことができます。

その後、左足にある利用者の重さを右足に移しながらゆっくりと座面に座ってもらい、利用者に再び安定した座位をとってもらいます。

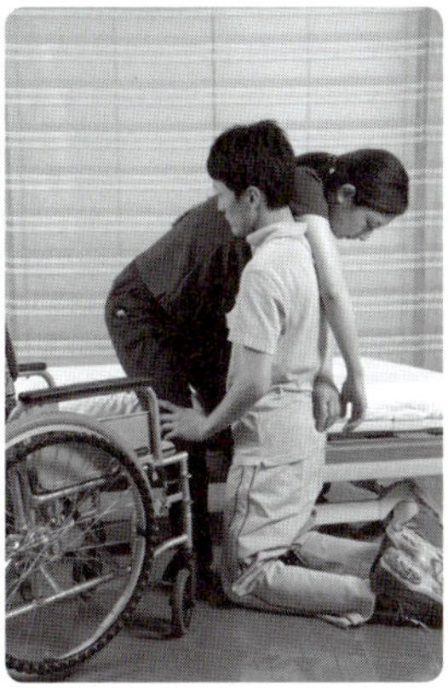

実践編

3つの技術を統合する

最後に、ここまで説明した「動きをつくる技術①②③」を統合するため、もう1つの体験にお付き合いください。

- 動きをつくる技術①　空間を活かす
- 動きをつくる技術②　接触面積を増やす
- 動きをつくる技術③　不安定にする

体験してみよう

いすを１メートル先まで動かします。
１回目は３つの技術を総動員して行ってください。
具体的には、
①いすとの空間を近く、まわりの空間を広くします。
②いすとの接触面積を可能な限り増やします。
③不安定な状態をつくってから動かします。

２回目は３つの技術の正反対を行ってください。
具体的には、
①いすとの空間を遠く、まわりの空間を狭くします。
②いすとの接触面積を可能な限り減らします。
③安定した状態のまま動かします。

１回目と２回目を比べてみて、いすの動かしやすさはどうだったでしょうか。言うまでもなく、１回目のほうが動かしやすかったと思います。２回目の「動きをつくる技術」を無視したやり方でも、いすが動かせないわけではありません。ただし、多くの力と時間が必要になり、しかもいすの動きはぎこちなくなります。「いすを動かす」

ことは同じでも、技術を「使用する・しない」とでは、そのやりやすさには大きな違いが現れます。

ここで紹介した「動きをつくる技術」を使える場面は、中等度者の移乗介助だけではありません。技術の１つひとつを応用すれば、日々あなたが行っているあらゆる介助のなかにも組み込むことができます。

ただし、この技術はすべての利用者に活かせるわけではありません。例えば、不安定な体勢になることに強い恐怖心がある利用者には「不安定にする」は不向きですし、介助者からの接触を極端に嫌がる利用者には「接触面積を増やす」は行えません。

さまざまな技術は、利用者を支えるための「１つの手段」にすぎません。その手段が利用者に適応しているかどうかを判断できるのは、その利用者を日々介助している人、つまり、あなただけです。あなたの判断に基づいて、技術の適応性が高そうな利用者がいたら、ぜひ一緒に実践してみてください。結果的に利用者が喜んでくれるとともに、あなたが以前より上手に介助できている実感があるとすれば、それは「質の高い介助」といえるのだと思います。

実践編

Ⅲ 重度者の移乗介助
―骨肉を活かす技術―

人の体はシンプルに考えると「骨と肉」の2つに分けられます。骨肉は私たちの暮らしの源となるものであり、上手に活かせば介助の質を大きく高めることができます。実践編Ⅲでは重度者の移乗介助について学びながら、骨肉への理解を深めていきます。

実践編 重度者の移乗介助

私の経験上、介助者が最も大きな介護負担を感じているのが重度者を移乗介助するときです。重度者が大勢利用している事業所では、１名の介助者が複数名の重度者を立て続けに移乗介助せざるを得ない場面もあり、もし、そういった場面で小柄な介助者が力だけに頼った介助をし続けたとすれば、いつか身も心も疲れ果ててしまうかもしれません。

実践編Ⅲでは、これを解消する手段の１つとして「骨肉を活かす技術」をお伝えします。骨肉を活かせば、要介護度が高い利用者も最小限の力で介助することが可能です。

この章では、はじめに重度者の移乗介助について学び、その後に介助の根底を支えている骨肉を活かす技術について理解を深めます。

適応となる利用者の特徴

●足が床に着かない

下肢の屈曲拘縮や切断で、足を床に着くことが困難な利用者が適応になります。こういった方は、足が床に着かないので物理的に立つことができません。通常の方法で移乗介助をしようとすれば、抱え上げるような重度介助になりがちです。

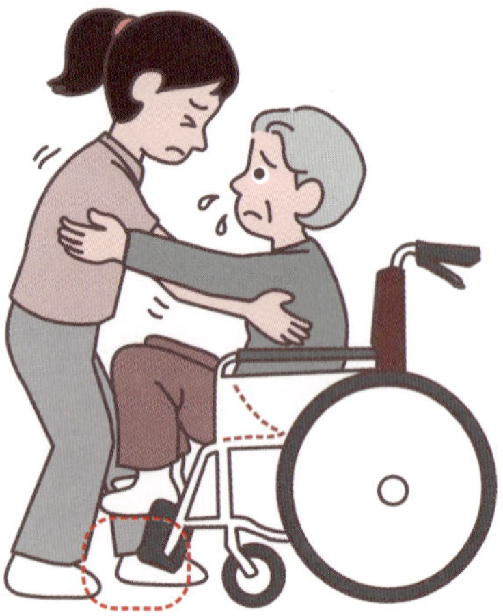

●足が床に着いてもほとんど立てない

弛緩性の麻痺や意識障害があり、足が「体を支える」役割を行えない利用者が適応になります。こういった方は、足が床に着いたとしても自力ではほとんど立てず、介助者の力に頼りきった重度介助になりがちです。

●前かがみになれる

麻痺で体が突っ張る利用者や、股関節が硬く、体を前に倒せない利用者には不向きです。

●介助者より体重が軽い

ただし、技術が熟達すれば介助者よりも体重が重い利用者でも問題ありません。

※要介護度でいえば「要介護５」の利用者を想定しています。

使用場所の例

●ベッド⇔車いす間の移乗

手順

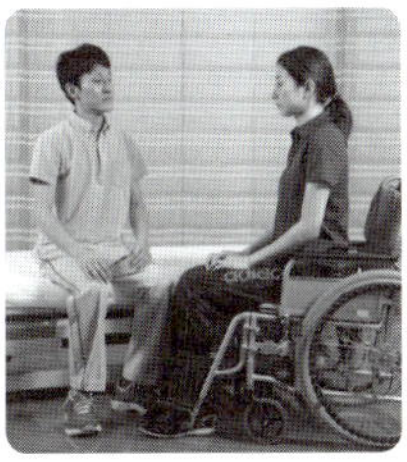

はじまり
介助者は利用者が移乗介助後に「座る予定の位置」に座り、介助を開始します。

ポイント
利用者・介助者ともに骨が多い姿勢で座れているのが理想的です。

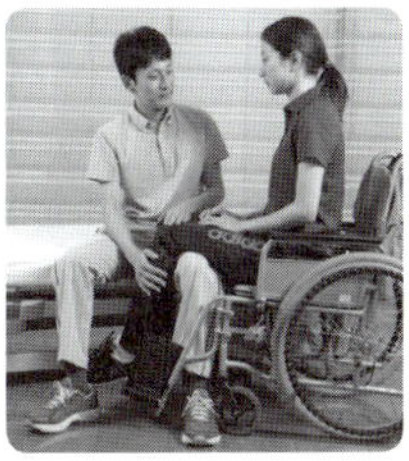

手順①
利用者の両足を、介助者の左の太ももの上に乗せてもらいます。

ポイント
介助者の左足は床と90度になるようにして、骨が仕事をしやすい状態をつくります。

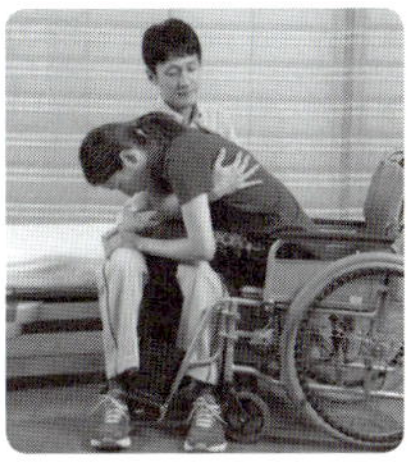

手順②
利用者に前かがみになってもらいます。

ポイント
利用者は前かがみになることで骨よりも肉の比率が増します。体が不安定になるので、介助者が両手で支えます。

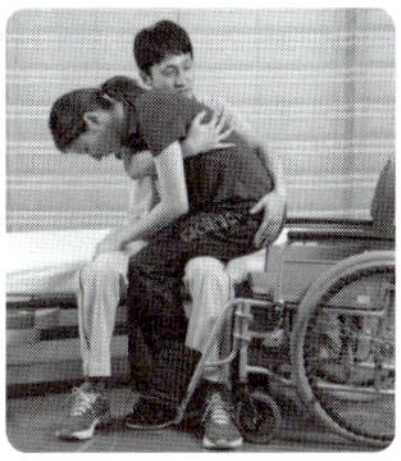

手順③
介助者は利用者の臀部を引き上げ、左の太ももの上に座ってもらいます。

ポイント
体が不安定になったことで利用者の臀部は動きやすくなっています。引き上げに大きな力は必要ありません。

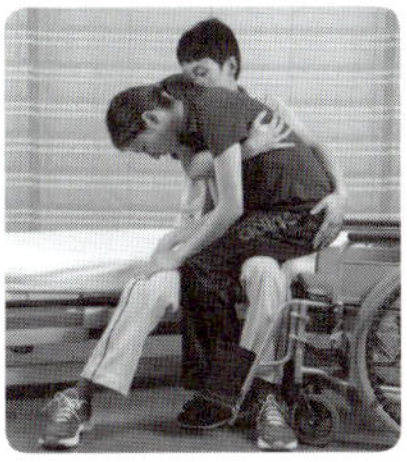

手順④
介助者は右足の位置をずらし、利用者に場所を譲る準備をします。

ポイント
介助者の右足には利用者が座っていないため自由に動かせます。骨で安定した姿勢を崩さない程度に右足をずらします。

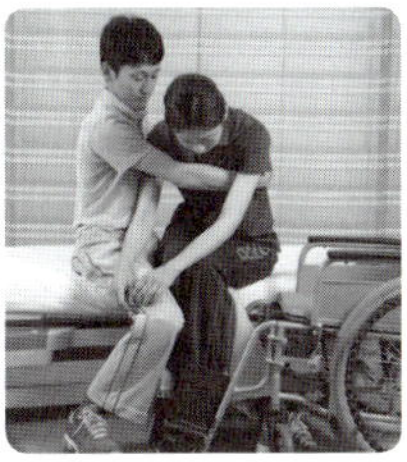

手順⑤
介助者が座っていた場所を利用者に譲りながら移乗介助します。

ポイント
介助者は一時的に肉の力を発揮して利用者に場所を譲ります。事前に肉が少なく骨が多い姿勢をつくることが肝心です。

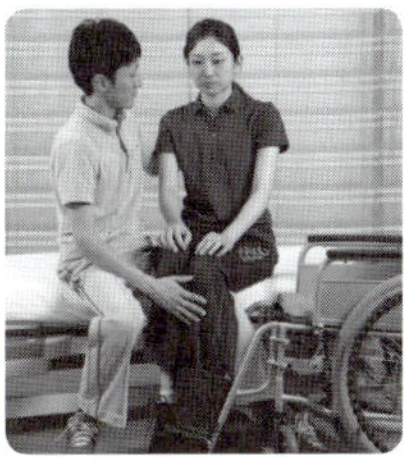

手順⑥
利用者に体を起こしてもらいます。

ポイント
利用者に体を起こしてもらうことで肉より骨の比率が増し、体が安定します。

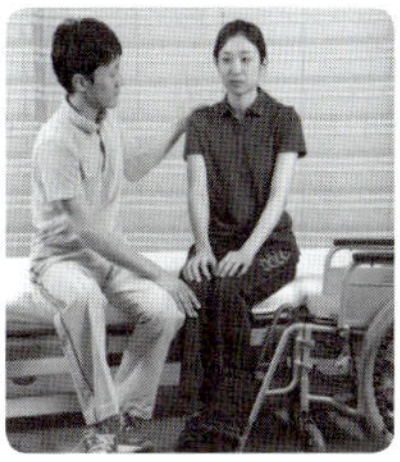

終わり
介助者の足をそっと抜いて介助を終了します。

ポイント
利用者が、骨が多い姿勢で安定していることを確認した後、介助者は足を抜きます。

※「骨が多い」「肉が多い」の意味は、後ほど説明します。

実際の現場でこの介助をこの手順のまま行えば、同じような介助はできると思います。しかし、手順だけ理解して介助するのと、手順の背景にあるポイントまで理解して介助するのとでは、実践したときの介助の「質」に大きな差が生まれます。

ここからは、各手順のポイントである骨肉について解説していきます。骨肉を理解していない現段階では、ポイントを読んでもいまいちピンとこない内容だったかと思いますが、骨肉を理解すれば言葉の意味がより深く理解できます。

この章を最後まで読み終えたら、再びここに戻ってきてください。きっと、同じ手順もより高い質で実践できると思います。

実践編 人は骨と肉の２つに分けられる

人体は複雑です。解剖学、物理学、脳科学、生物学など、さまざまな分野から人は研究・分析されています。人の動きを手助けする介助も、ボディメカニクス、福祉用具、武術など、さまざまな分野からのアプローチが存在します。

人はいろいろなことを複雑に考えられる優秀な生き物だと思いますが、時にシンプルに考えることが介助の質を高めるのに有効である場合があります。その代表が「骨肉」です。

骨肉はそのすべてにれっきとした名前と役割がありますが、ここで説明する骨肉はもっともっとシンプルです。実践編Ⅲでは「人は骨と肉の２つに分けられる」ということだけ考えます。複雑に考える必要はありません。話を進めるにあたり、まず骨肉という用語に共通の理解をつくりたいと思います。

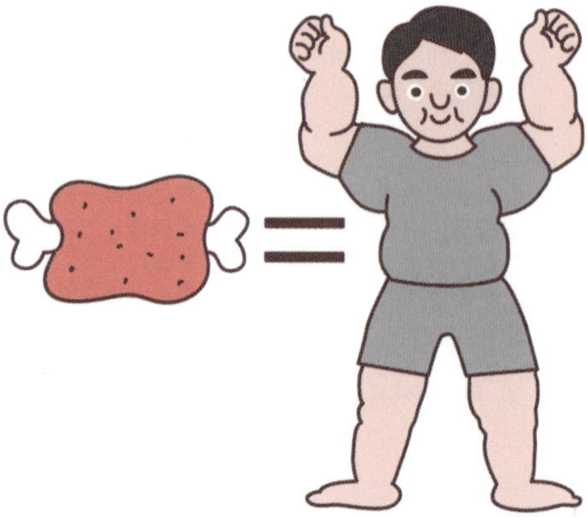

「骨」という用語は、人におよそ200個あるといわれる骨のすべてを指します。上腕骨（じょうわんこつ）や肩甲骨（けんこうこつ）や鎖骨（さこつ）などすべての骨には名前

があります が、ここでは骨は骨でしかありません。人体模型のガイコツは、まさに骨そのものです。

「肉」という用語は、骨の周りを覆（おお）うすべてのものを指します。もっと簡単にいえば、骨以外はすべて肉です。二の腕の力瘤（ちからこぶ）も、背中や腹部のぜい肉も、内臓の脂肪も、ここでは肉という言葉に集約されます。

実践編

骨肉の存在を知る

前項では、人が骨と肉に分けられることを学びました。私は「学び」という言葉を使うとき、「頭の学び」と「体の学び」の２種類に分けて考えています。「頭の学び」は文章を目や耳で見聞きして、頭のなかで知識にすることです。「体の学び」は物事を実際に体験・経験して、体で実感することです。

「頭の学び」と「体の学び」の違いを、自転車の乗り方にたとえて説明します。自転車に乗るには「サドルにまたがってペダルをこぐ」必要があります。これは、多くの人がその姿を見聞きして頭のなかで知識として理解していることです。

しかし、乗り方を知っている方全員が自転車に乗れるわけではありません。上手に乗れるようになるには練習が必要です。多くの人が何度も転びながら、体で乗り方を覚えた経験があるのではないでしょうか。これが体の学びです。

頭の学びは知識としての表面上の理解、体の学びは経験と実感を伴う深い理解といえます。介助でいえば、たとえ技術を頭の学びとして知っていたとしても、現場で体が動かなければ意味がありません。学んだ技術を現場で使うには、技術を体で学ぶ必要があります。

前項までの骨肉の知識は、学びでいえば「頭の学び」に分類されます。ここからは頭の学びを「体の学び」に変えられるように、骨肉を体で感じたいと思います。

体験してみよう **自分の体のいろいろな部位に、手のひらで優しく触れてください。**

顔や頭や手やお腹や背中やお尻や足……、私たちはあらゆる部位に触れることができます。いま触れた部位はすべて肉です。肉は体の表面を覆っています。骨は通常、体の表面に登場することはありません。

体験してみよう **自分の体のいろいろな部位を、指先で強く押し込んでください。**

指先で全身に触れていくと、指をどこまでも押し込んでいける肉の柔らかい部分と、硬くて押し込めない骨の部分があると思います。骨は肉よりも触れられる範囲が限られており、肉の浅い層で触れられる部位もあれば、深い層でしか触れられない部位もあります。骨は常に肉に覆われています。

環境上可能であれば、この体験を家族や同僚と２人１組になり、「触れる役・触れられる役」に分かれながら行ってみることをお勧めします。人は自分の体に自分で触れたときよりも、誰(だれ)かに触れられたときのほうが骨肉の存在をより強く実感できるからです。

この体験の目的は、自分や相手が骨肉の存在を「体で学ぶ」ことにあります。「この骨の役割はなんだろう？　この肉は何をするのだろう？」と難しく考える必要はありません。まずは、存在するという事実だけを体で感じ取ってみてください。

実践編 骨肉の特徴を知る

骨肉には６つの特徴があります。医学的な知識は抜きにして、自分の体で感じられる一般常識の知識に絞って骨肉の特徴に気づいていきましょう。骨肉の「２つだけ」をシンプルに対比することが理解を助けます。

●特徴１「硬さ」

骨は硬(かた)く、肉は柔(やわ)らかいものです。骨はかつて動物などを狩猟する際の原始的な武器にもなっていました。物や人にパンチ・キックで攻撃を加えるときにも骨の力が使われます。肉は柔軟で弾力があり、基本的に柔らかいものです。

●特徴２「形」

骨は形が変わらず、肉は形が変わります。骨は持ち上げたり傾けたり力を加えたりしても、そのままの形を保ち続けます。肉は指先でつまんだだけでも形が変わりますし、力を入れる／入れないことで自由に伸び縮みさせることもできます。人体が白骨化したら肉は残りませんが、骨だけはそのままの形で発見されます。

●特徴３「強さ」

骨は丈夫で強く、肉は柔軟で弱いものです。骨は相当強い力が加わらない限り傷つくことはありません。肉はつねったりひっかいたりしただけで簡単に傷つきますし、もし鋭利な刃物が当たれば容易に裂けてしまいます。

●特徴４「疲れ」

人が動くと、肉は疲れますが、骨は疲れません。多くの人がジョギングや山登りをした後には、筋肉の疲れを感じると思います。しかし、「今日は骨が疲れたなあ」という話はあまり聞きません。疲れをとるためのマッサージも、骨ではなく、肉に行われるものです。骨は肉に比べると疲れを感じにくい存在です。

●特徴５「痛み」

肉は筋肉痛に代表されるようによく痛みが出ますが、骨は骨折でもしない限り痛むことはありません。骨は肉よりも痛みに対してタフです。

●特徴６「動き」

肉は自分だけの力で動くことができ、骨は自分だけの力では動けません。骨を動かしているのは肉です。人は肉がなければいっさい動くことができません。

骨と肉の特徴をまとめると、以下の表のようになります。

	硬さ	形	強さ	疲れ	痛み	動き
骨	硬	不変	強	なし	なし	なし
肉	柔	可変	弱	あり	あり	あり

これだけを見ると、一見骨よりも肉のほうが劣った存在に見えるかもしれませんが、そんなことはありません。骨には骨の、肉には肉の大切な仕事があり、それぞれが仕事を適切に行うにはこれらの特徴が必要不可欠です。次は、骨肉がその特徴を活かしながら行っている日々の「仕事」について考えていきます。

実践編 骨肉の仕事を知る

骨の仕事は「体を支える」ことです。人が地球の重力のなかで体を支えるには、骨の特徴である「**硬い**」「**形が変わらない**」「**強い**」ことが役立ちます。例えば、あなたがいすに座っていたとして、その姿勢は骨が体を支えているから安定しています。骨は「**疲れない**」「**痛みを感じない**」という特徴があるため、座る時間が長くなっても問題ありません。

しかし、骨は「**動かない**」という特徴があるので、骨は骨単独ではいっさい動くことができません。私たちのあらゆる動きの原動力になっているのは、「**動く**」という特徴をもった肉だけです。もし人に肉がなかったとすれば、第三者に体位変換をしてもらわない限り、人は生涯同じ格好のまま動けないことになります。

肉の仕事は、骨を動かして「動きをつくる」ことです。おじぎする、拍手する、車を運転するなど、人の動きは自由で複雑であるため、肉の特徴である「**柔らかい**」「**形が変わる**」ことが役立ちます。ただし、肉は体を支えるには適していません。肉は「**疲れやすい**」「**痛みを感じる**」「**弱い**」ことが特徴であるため、もし肉が体の支えに使われていたとすれば、人はその状態を長くは維持できません。体を支える仕事は、骨が行うのが適当です。

このように、私たちの生活は骨と肉がそれぞれの仕事を行うことで成り立っています。骨だけでも肉だけでもなく、両者が存在していることが肝心であり、骨肉は切っても切れない一心同体の関係といえます。

ここまで説明した骨肉の仕事を、今度は体験を通して感じていきましょう。以下に示す姿勢を１→２→３……の順序で７までとってみてください。おそらく、多くの人が**姿勢１～７では体を支えるための「骨」が感じられ、姿勢から姿勢へと移り変わるときには体を動かすための「肉」が感じられると思います。**

体験してみよう

姿勢１　上向き（仰臥位）　姿勢２　横向き（側臥位）　姿勢３　足を伸ばして座る(長座位)

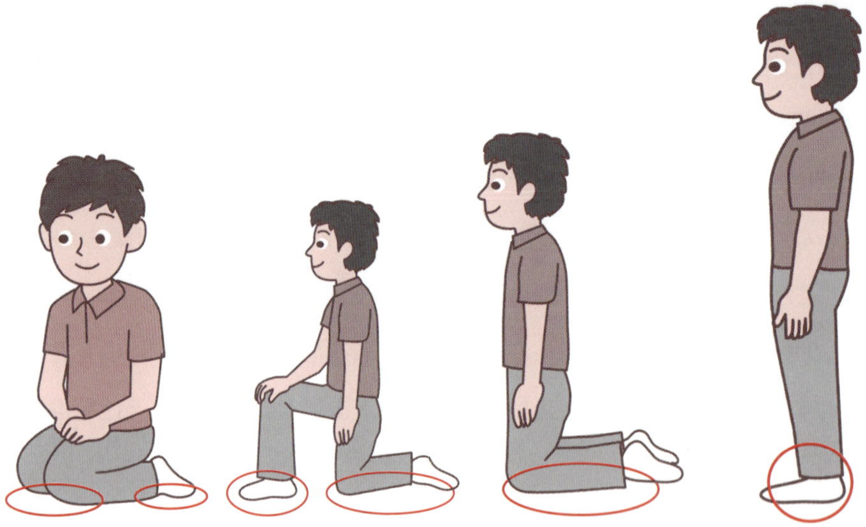

姿勢４　正座　姿勢５　片膝立ち　姿勢６　両膝立ち　姿勢７　立位

姿勢１～７をとったとき、多くの人は「体の安定」を感じたのではないでしょうか。それは、姿勢１～７がいずれも骨で体を支えやすい姿勢だからです。骨で体が支えられていれば、体は痛みも疲れも感じることなく安定します。各姿勢の人物についている丸印の部位が、主に体の支えとなっている骨の部位です。体験の際には、参考にしてみてください。姿勢１～７をとったときに「体が不安定」だと感じた人は、骨だけではなく、肉も体を支える仕事に参加していた可能性があります。体を支えるのは骨の仕事ですが、骨は適切な位置になければ体を支えられません。もし姿勢１～７

をとったときに骨が適切な位置になかったとすれば、肉は体を安定させるために、骨を適切な位置まで動かさなくてはなりません。しかし、肉は仕事をすればする分だけ疲労も痛みも感じます。肉が体を支える仕事を手伝いすぎると、体の不安定さにつながります。

さらに、肉は形が変わる特徴があるため、時に骨の仕事を“肩代わり”することがあり、その場合も「体が不安定」になります。試しに、手をグッと握りしめてみてください。そのとき、肉はまるで骨になったかのように強く硬くなったと思います。硬い状態であれば、肉は骨と一緒になって体を支えることができます。

しかし、肉が骨のように硬い状態を保てるのはほんの一時です。先ほど説明したように、肉は疲れも痛みも感じやすいという特徴があるので、骨のように長い時間は体の支えに参加できません。肉が無理して骨の仕事をし続けると、体が不安定になります。

骨と肉の仕事を、体験を通して感じてきました。骨と肉はそれぞれ体の適材適所に配置されており、生涯をかけてまかされている重要な仕事があります。私たちは利用者を介助するとき、骨肉の仕事を理解しながらかかわる必要があります。

続いて、ここまで話してきた骨肉と介助との関係について考えたいと思います。

実践編 骨肉と介助の関係

骨肉は、具体的にどのような形で介助に活かすことができるのでしょうか。

結論からいえば、**肉が多くて骨が少ない状態は介助を“大変”にし、肉が少なく骨が多い状態は介助を“楽”にします**。「大変・楽」という基準は、利用者と介助者双方に共通して当てはまります。

こちらのイラストA・Bを見てください。どちらも介助者が利用者の立ち上がり介助をしているイラストです。一見してわかりますが、イラストAは大変な介助であり、イラストBは楽な介助です。それぞれについて解説していきます。

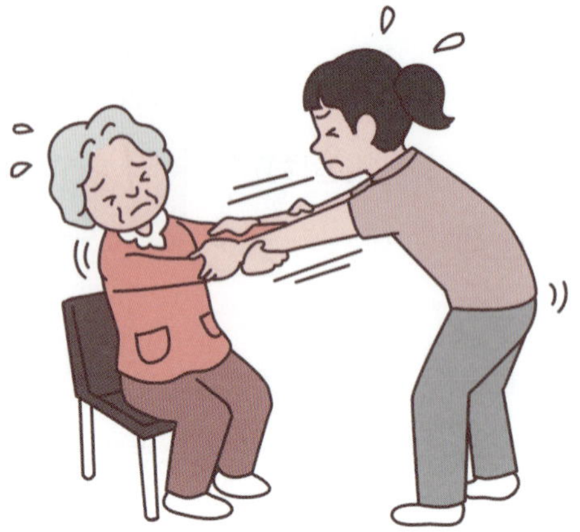

イラストA

イラストB

イラストAが大変な介助である理由は、利用者・介助者双方にとって「肉が多く、骨が少ない状態」だからです。

まず、利用者の骨肉をみていきます。利用者の体が後ろに反り、座った姿勢が崩れています。これは、骨が体を適切に支えられていない状態であり、体が崩れすぎないように肉も体を支える仕事に参加しています。**体の支え**に肉が使われた結果、利用者は立ち上がる**動き**に肉の力を十分に発揮することができず、動くのが大変になります。

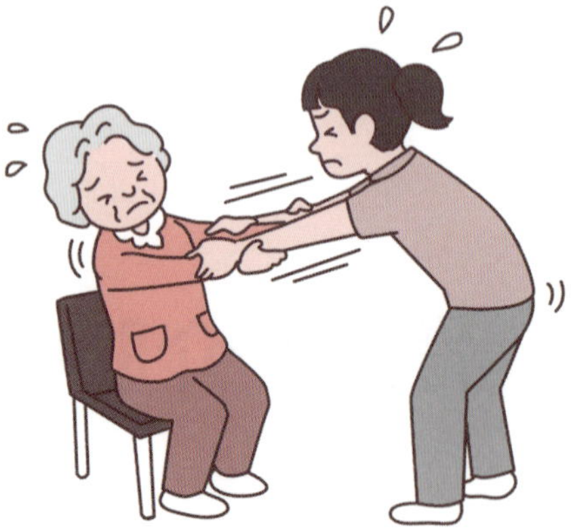

次に、介助者の骨肉をみていきます。介助者が利用者から離れた位置にいるために、姿勢が前のめりになっています。これは、骨が体を適切に支えられていない状態であり、体を支えるために肉も体を支える仕事に参加しています。**体の支え**に肉が使われた結果、介助者は立ち上がりを手伝う**動き**に肉の力を十分に発揮することができず、介助が大変になります。

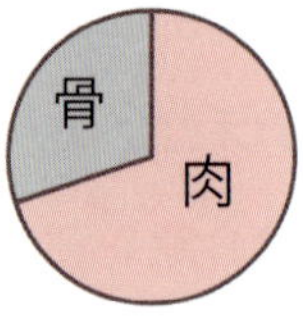

骨3：肉7程度

イラストAは、双方にとって、「肉が多く、骨が少ない状態」であったため、大変な介助になったといえます。

イラストBが楽な介助である理由は、利用者・介助者双方にとって「肉が少なくて、骨が多い状態」だからです。

まず、利用者の骨肉をみていきます。利用者の体に傾きはなく、座った姿勢がまっすぐに整っています。これは、骨が肉の力に頼ることなく体を支えられている状態です。**体の支え**に多くの肉が使われなかった結果、利用者は立ち上がる**動き**に肉の力を存分に発揮することができ、動くのが楽になります。

次に、介助者の骨肉をみていきます。介助者と利用者とが遠からず近からずちょうどいい距離感であり、介助者の姿勢に無理がありません。これは、骨が肉の力に頼ることなく体を支えられている状態です。**体の支え**に多くの肉が使われなかった結果、介助者は立ち上がりを手伝う**動き**に肉の力を存分に発揮することができ、介助が楽になります。

イラストBは、双方にとって肉が少なく骨が多い状態であったため、楽な介助になったといえます。

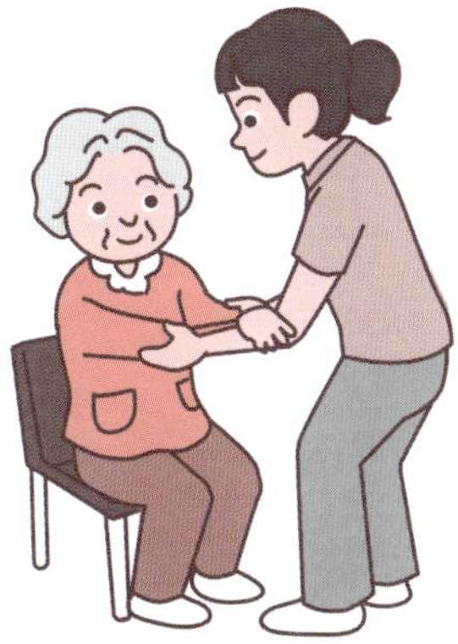

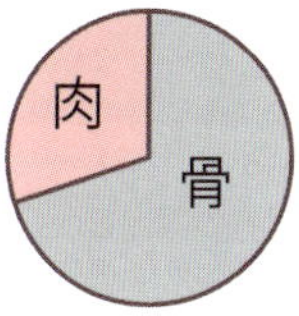

骨7：肉3程度

このように、介助場面では利用者・介助者双方の「骨肉の比率」が介助の「大変／楽」に影響を与えています。お互いに肉が多ければ介助は大変になり、骨が多くなれば介助は楽になります。

生活においても介助においても、骨肉は本来まかされている仕事だけをするのが理想的です。骨が仕事をしにくい状態であったり、肉が骨の仕事を肩代わりしていたりすると、質の高い介助にはつながりません。もっと上手に介助したい、負担なく楽な介助がしたいと思うときには、ぜひ骨肉を意識してみてください。骨肉を活かす技術は、「骨肉に本来の仕事をしてもらう」だけの、実はとてもシンプルな話です。

実践編 骨肉を活かす技術の応用

技術は使えば使うほど、自分のものになっていきます。技術に基礎があるとすれば、介助者の成長とともに基礎を“応用”することもできるようになります。

その一例として、冒頭で説明した重度者の移乗介助において、骨肉の技術を応用した手順をみてみたいと思います。

手順

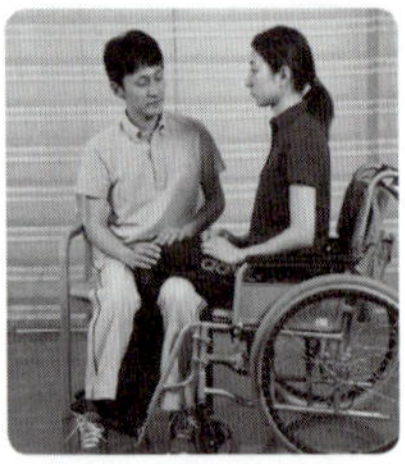

手順①
利用者の両足を、介助者の左の太ももの上に乗せてもらいます。

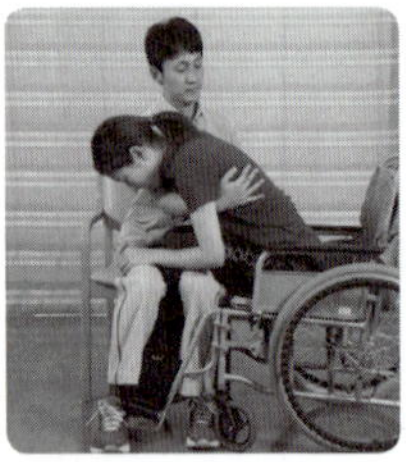

手順②
利用者に前かがみになってもらいます。

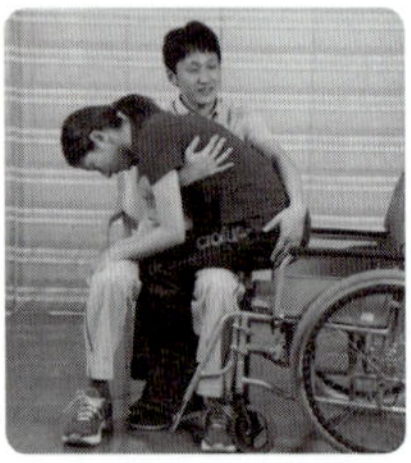

手順③
介助者は利用者の臀部を引き上げ、左の太ももの上に座ってもらいます。

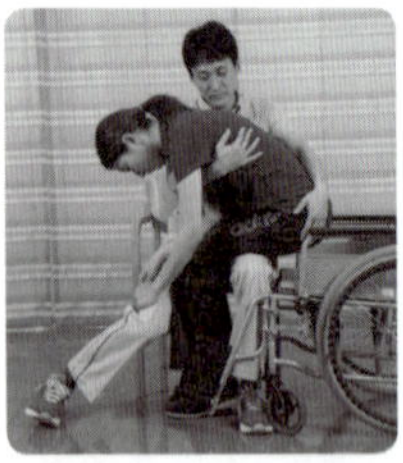

手順④
介助者は右足をそっと外し、床に着く準備をします。

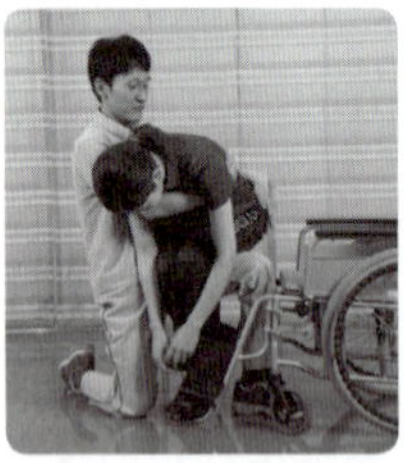

手順⑤
介助者は右膝を床に着き、片膝立ちの姿勢になります。

手順⑥
利用者の臀部を座面の方向に誘導し、座ってもらいます。

手順①～③までは冒頭で行った重度者の移乗介助と変わりませんが、新たな手順④～⑥では骨肉の技術を応用し、介助者が安定した骨の姿勢である「片膝立ち」を介助の途中に組み込んでいます。

基礎の手順であれば、「ベッド⇔車いす」間の移乗介助場面にしか使用できませんが、応用した手順であれば、「いす⇔いす」間の移乗介助、「便器⇔車いす」間の移乗介助、「シャワーいす⇔車いす」間の移乗介助など、さまざまな場面で用いることも可能です。

自身の成長とともに、技術を基礎から応用へと少しずつ進化させてみてください。最終的に、１人ひとりの利用者に応じたオーダーメイドの介助ができれば、それは目の前にいる利用者のために介助が「創造」された瞬間です。そのときはきっと、あなたはその人にとってかけがえのない存在になっていると思います。

実践編

Ⅳ 現場ですぐに応用できる事例

実践編Ⅳは、ここまでの総まとめを行います。現場の事例をイメージしながら、基礎編・実践編の知識を活用した介助について考えていきましょう。

事例1　廃用症候群のAさんの事例

利用者の状態像

Aさん。90歳の女性。要介護2。日常生活の自立度判定基準…障害度A2／認知症度Ⅱa。目立った既往歴・現病歴・入院歴はない。視力・聴力に問題はない。
年相応のもの忘れがあるが、日常会話は成り立つ。身体機能は低下しており、立ち上がりや歩行には軽度の介助が必要。

【場面設定】
Aさんは4人がけのテーブルに座っている。テーブルをつかんで立ち上がろうと試みているが、何度か挑戦しても力が足りずに立てない様子。

手順	活用した知識や技術
❶ 介助者はAさんの前方に回り込みます。 	かかわりは視覚から行うのが適しているため、介助者はAさんが視覚で介助者を確認しやすい前方に回り込みます。介助者がなるべくAさんから離れた位置まで移動することで、Aさんは介助者とのかかわりをより遠くから余裕をもって開始することができます。 （参考：基礎Ⅱ－3　かかわりの入口は「視覚」で開く）

❷ Aさんが介助者を見つけたら会釈をします。介助者の位置は、Aさんに介助者の全身が見える位置で行います。 	介助者はAさんから離れた位置にいるので、挨拶は言葉で行うよりも会釈などのジェスチャーで伝えたほうがわかりやすく伝わります。気持ちを込めた会釈であれば、言葉以上に心を込めた挨拶になります。 （参考：基礎Ⅲ－1　言葉に頼らない「伝わる」あいさつ） 会釈をする際には、Aさんが介助者の人となりを判断しやすいように、介助者の全身が見える位置で行います。 （参考：基礎Ⅲ－2　自己紹介は「全身」で行う）
❸ Aさんに近づき、隣でかがんでから「Aさん、どうしましたか？」と声をかけます。 	4人がけのテーブルにいるので、Aさんだけに話をしていることがわかるように会話のはじめに「Aさん」と名前をつけるようにします。 （参考：基礎Ⅳ－1　大勢のなかにいる「1人」とかかわる方法） 大きな声量による声かけは、Aさんに不快感を与えるおそれがあります。声かけは必要最小限の大きさで行うように心がけます。 （参考：基礎Ⅱ－5　感覚の量は必要最小限を目指す） 声かけをする位置は近すぎると逆に聞き取りにくくなるので、Aさんから40㎝程度は離れておきます。 （参考：基礎Ⅳ－5　声をかけるときは、耳の得意範囲内から）

<table>
<tr>
<td>

④ Aさん「横になろうと思って…」
介助者「じゃあ、一緒に行きましょうか」
Aさん「頼むよ」

</td>
<td>

介助者は、Aさんが話すリズムに合わせて返答します。Aさんがゆっくりとした口調で話せば、介助者はそれをまねするようにゆっくりと返答します。会話のリズムが合うことで、Aさんとの信頼関係が築きやすくなります。
(参考：基礎Ⅳ－4　聴覚が2人のリズムを一致させる)

</td>
</tr>
<tr>
<td>

⑤ Aさんが座っているいすを、介助者は後方から動かします。いすを動かす際、介助者はAさんに触れながら行います。

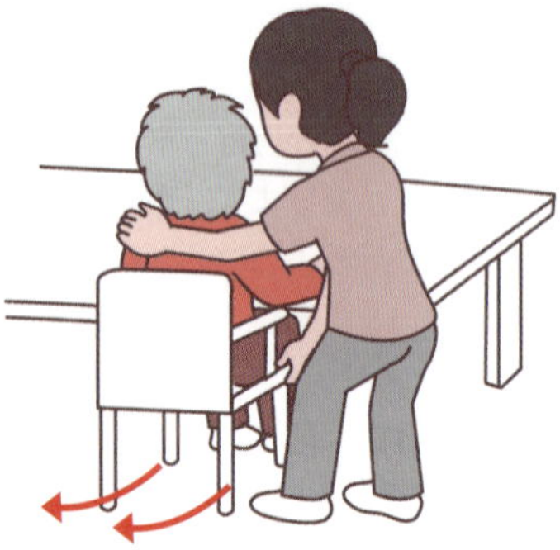

</td>
<td>

いすとテーブルとの距離が近すぎると空間が狭くてAさんが立ちにくいので、いすを斜め後ろに引いて空間を広くします。
(参考：実践Ⅱ－3　動きをつくる技術①　空間を活かす)
介助者はいすを動かす際にAさんの前方にいるとAさんに圧迫感を与えるおそれがあるので、後方から行うようにします。
(参考：基礎Ⅱ－1　一人前の介助者になる方法)
いすが動くとAさんは恐怖を感じるおそれがあるので、そっと体に触れて安心感を与えながら行います。
(参考：基礎Ⅴ－1　温もりと安心は「手」から伝わる)

</td>
</tr>
<tr>
<td>

⑥ いすはテーブルに対して斜めにセッティングし、Aさんの手足を非対称な位置に置いてもらいます。

</td>
<td>

Aさんは体の力が低下しているので、直線の動きでは立ち上がりにくいです。曲線の動きで立ってもらえるように、手足を非対称な位置に置いてもらいます。いすが斜めにセッティングされていることで、手足が自然と非対称な位置に置きやすくなります。
(参考：実践Ⅰ－3　手足を活かす技術②　手足を非対称な位置に置く)

</td>
</tr>
</table>

❼ 介助者はAさんの骨盤の後方をそっと支えながら、「Aさん、立ちましょうか」と声をかけます。  	Aさんを介助するときは、体の強い部位に触れるようにします。強い部位に触れていれば、体の硬さをつくって動きを邪魔することはありません。 (参考：基礎Ⅵ－５　人の部位と触覚との関係を理解する) 声かけをする際は、Aさんが混乱しないように過剰な声かけは控えます。声かけを控えることで、Aさんの自分らしい動きを引き出せます。 (参考：基礎Ⅳ－３　声かけを控えれば、その人らしさを引き出せる) また、介助者が声をかける相手がAさんだけに絞られるように、Aさんの名前を声かけに入れるようにします。 (参考：基礎Ⅳ－１　大勢のなかにいる「１人」とかかわる方法)
❽ 介助者はAさんの背中を骨盤から胸部の方向になでながら、立ち上がる動きを促します。 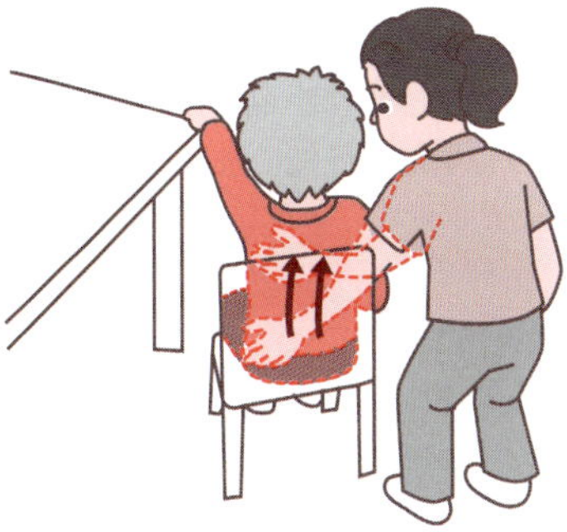	介助者がAさんの背中を骨盤から胸部の方向にかけてなでることで、皮膚の動きが誘導され、Aさんが立ち上がりやすくなります。 (参考：基礎Ⅴ－６　皮膚への刺激が、体を動かしやすくする)
❾ Aさんの体を側方から介助者が支え、立位を保持してもらいます。 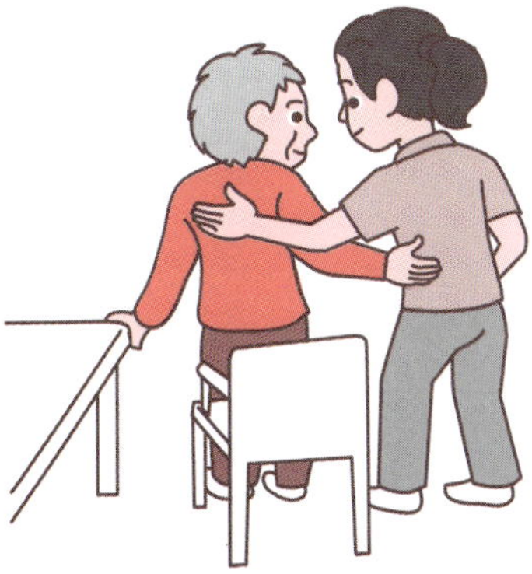	介助者がAさんの前方に位置していると圧迫感を与え、Aさんがバランスを崩すおそれがあります。介助者はAさんに与える影響の少ない側方から介助するようにします。 (参考：基礎Ⅱ－１　一人前の介助者になる方法) 立位を保持してもらう際には、Aさんが自分の体を骨で支えられる位置まで介助者が誘導します。 (参考：実践Ⅲ－５　骨肉の仕事を知る)

⑩ 側方からAさんの手を握り、背中を支えます。 	Aさんはふらつきながらも歩ける力があるので、過剰な介助は避け、Aさん自身に自分で歩けている実感をもってもらえるようにします。介助者が支えて触覚を伝えることで、Aさんはバランスを保ちやすくなります。 (参考：基礎Ⅴ－4　ほんの少しの触覚が、平衡感覚を助ける) 介助者が少しでもAさんに触れておけば、万が一Aさんが転倒しそうになったときにもすぐ支えることができます。 (参考：基礎Ⅴ－3　触覚の速さを活用してリスクを回避する) Aさんを支えるときには、体の硬さをつくり歩行を妨げないように、弱い部位には触れないようにします。 (参考：基礎Ⅵ－5　人の部位と触覚との関係を理解する) Aさんに歩くことに対する安心感をもってもらえるように、介助者がAさんに触れる手からは優しさが伝わるように意識します。 (参考：基礎Ⅴ－1　温もりと安心は「手」から伝わる)
⑪ Aさんが手足から動き出せるように歩行介助します。 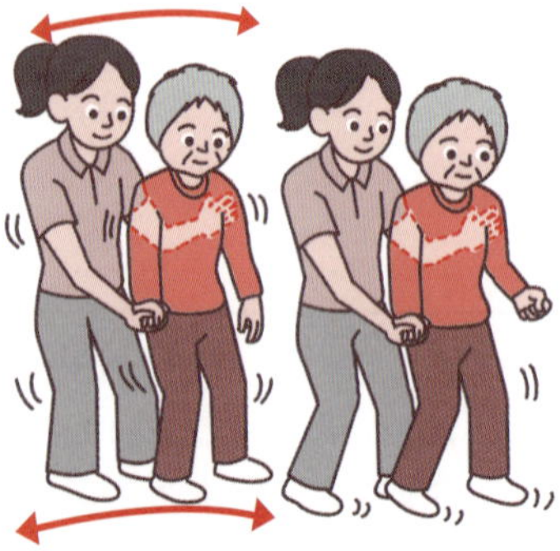	動きは胴体ではなく手足からはじまります。歩き出しも手足から先に動けるように配慮します。 (参考：実践Ⅰ－2　手足を活かす技術①　手足から胴体の順番に動く) 手足から動き出す際には、歩き出しがより円滑になるように、Aさんがバランスを崩さない範囲で体を左右に揺らします。歩き出す前に体が不安定になることで、Aさんの第一歩がより出やすくなります。 (参考：実践Ⅱ－5　動きをつくる技術③　不安定にする)

事例2 認知症のBさんの事例

利用者の状態像

Bさん。86歳の女性。要介護２。日常生活の自立度判定基準…障害度A２／認知症度Ⅲa。視力に障害があり、特に遠くが見えにくい。Bさんは「ぼんやりとなら見えるよ」と話す。ベッド周りの起居動作は自立しているが、目が見えにくいため、廊下を歩くときは壁を伝ったり介助者の手につかまったりしている。
認知症の影響で時間や場所の見当識が混乱しており、部屋に閉じこもりがちな生活。食事や入浴も「私はいいよ」と拒否することがあるが、信頼関係がある介助者であれば応じてくれる。

【場面設定】
食事の時間になったので、信頼関係のある介助者がBさんを部屋に呼びにいく。

手順	活用した知識や技術
❶ 介助者はBさんの部屋に向かうとき、少し足音を立てながら歩きます。  	誰かが部屋に近づいてくることを、Bさんが聴覚で確認できるようにします。聴覚は遠くからの足音も認識できるので、Bさんが人とかかわるための心構えを早い段階からすることができます。自分の部屋の前で足音が消えれば、Bさんは「誰か用事があるのかな？」と気づけます。 （参考：基礎Ⅱ－２　目・耳・手を駆使してかかわる）

❷ 介助者はドアを数回ノックし、「Bさん、失礼していいですか」と声をかけます。  	介助者がドアをノックする力加減とBさんを呼ぶ声量は、Bさんに聞こえる必要最小限にします。Bさんは目が見えにくいので聴覚が敏感になっている可能性があり、大きな音は不快な刺激になるおそれがあります。 (参考：基礎Ⅱ－5　感覚の量は必要最小限を目指す)
❸ 介助者はBさんの許可を得てからドアを開け、Bさんの前方から近づきます。 	Bさんは目が見えにくいので、介助者はBさんがぼんやりとでも介助者の存在を視覚で確認しやすい前方から近づきます。 (参考：基礎Ⅱ－3　かかわりの入口は「視覚」で開く)
❹ 介助者はBさんに近づき、Bさんより目線が下になる位置で声をかけます。 「Bさん、ご飯ができたのでお迎えに来ましたよ」  	介助者がBさんの目線より下に位置することでかかわるときの威圧感が減ります。また、視界に介助者の全身がおさまることで、Bさんは介助者の人となりを判断しやすくなります。 (参考：基礎Ⅲ－2　自己紹介は「全身」で行う) 早い口調で話すとBさんの返答を焦らせることになり、良好な関係が築きにくくなります。Bさんがゆとりをもって返答できるように、ゆっくりとした口調で声かけをはじめます。 (参考：基礎Ⅳ－4　聴覚が2人のリズムを一致させる)

<table>
<tr>
<td>

❺ Bさん「あまり、食べたくないのよ」
介助者「食欲がないんですか」
Bさん「そうね」
介助者「少しでもお腹にいれておきませんか？　好きなものだけでいいですから」
Bさん「そうね、甘い物なら」
介助者「甘い物ですね、わかりました。一緒に食堂まで行ってみましょうか」
Bさん「…少しなら」

</td>
<td>

介助者はBさんに合わせてゆっくりとした口調で返答を行い、会話のリズムを一致させるようにします。Bさんにとって、リズムが同じ相手との会話は心地よく感じられます。
（参考：基礎Ⅳ－4　聴覚が2人のリズムを一致させる）

</td>
</tr>
<tr>
<td>

❻ Bさんが立ち上がる前に介助者が先に立ち上がり、Bさんが立てる空間を確保しておきます。

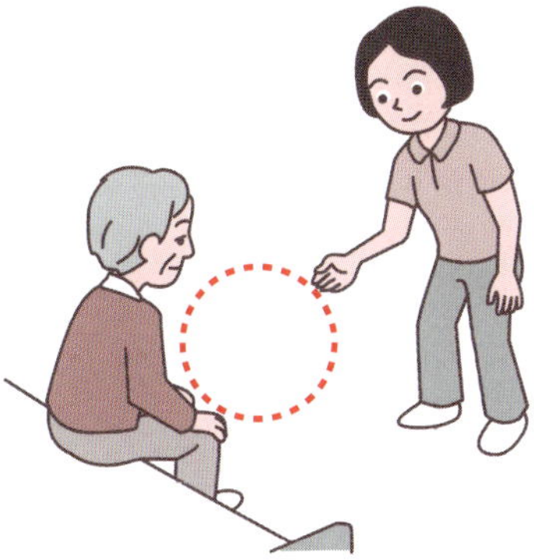

</td>
<td>

介助者が先に立ち、Bさんが立ちやすい空間をつくることで、Bさんの意思が立ち上がりに向きやすくなります。
（参考：基礎Ⅲ－3　空間の使い方が気持ちを動かす）

</td>
</tr>
</table>

⑦ 介助者はBさんが立ち上がるとき、そっと片手を差し出し、握ってもらいます。

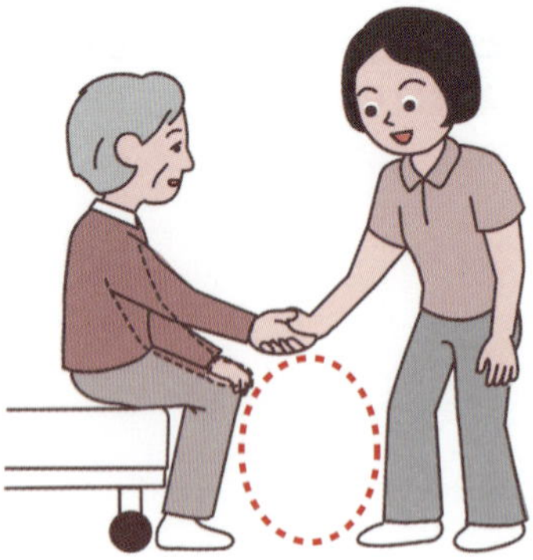

Bさんはつかまるところがあればより安定して立つことができます。つかまる場所は手すりでもよいですが、介助者の手を握ってくれれば、介助者に一時的に体の重さをゆだねることになり、2人の関係が深まるきっかけになります。

(参考：基礎Ⅵ－8　心をつなぐ重さの役割)

⑧ 介助者は「ご案内します」と言って、Bさんの片手を握りながら食堂まで歩行介助を行います。

Bさんは目が見えにくくバランスがとりにくいので、介助者が支えることで触覚が補われ、歩くときにバランスがとりやすくなります。

(参考：基礎Ⅴ－4　ほんの少しの触覚が、平衡感覚を助ける)

Bさんは歩ける力があるので、過剰に支えないようにします。必要最小限だけ支えることで、Bさんらしい動きが促せます。

(参考：基礎Ⅱ－5　感覚の量は必要最小限を目指す)

介助者がBさんに触れていることで、万が一Bさんがバランスを崩したときにもすぐ支えることができます。

(参考：基礎Ⅴ－3　触覚の速さを活用してリスクを回避する)

❾ 歩行介助時、介助者はBさんと足並みをそろえて同じペースで歩けるようにします。

人が歩くときには、体を多少左右に揺らしながら曲線の動きで歩いたほうが円滑に歩けます。そのためには、Bさん・介助者共に体の左右に空間の広さが必要です。お互いが足並みをそろえて同じペースで歩けば、自然と左右に空間が生まれ、曲線の動きで歩くことができます。

（参考：実践Ⅰ－３　手足を活かす技術②　手足を非対称な位置に置く）

❿ 食堂までの道中、曲がり角や障害物があれば「少し先で右に曲がりますよ」「正面にいすがありますね」などと声をかけます。

Bさんは目が見えにくいので、かかわりは聴覚が中心になります。聴覚からの情報は、Bさんが確認しやすい身近な情報を優先して伝えるようにします。身近な情報はBさんが正誤をすぐ確認することができ、介助者から伝えられた情報が正確だと感じられることがBさんの安心につながります。

（参考：基礎Ⅲ－５　目が不自由な方には、身近な情報を優先して伝える）

⑪ 食堂に着いたら、「こちらへどうぞ」と言って、座りやすいようにいすを動かします。 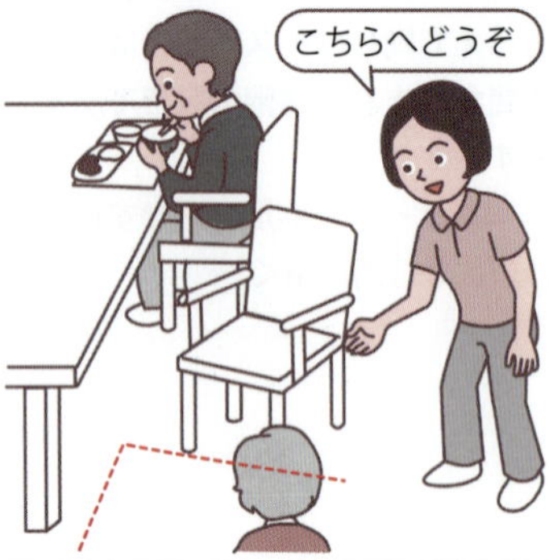 	Bさんに座りたいと思ってもらえるように、介助者はいすを動かしてBさんが座りやすい環境をつくります。いすはテーブルに対して直線の位置にセッティングするよりも斜めの位置にセッティングすることで、Bさんに曲線の動きを促すことができます。 (参考：基礎Ⅲ－３　空間の使い方が気持ちを動かす)
⑫ 介助者がBさんのそばから去るとき、Bさんの肩に触れながら同じ側から声をかけます。 「来てくれてありがとうございます。ご飯すぐ持ってきますね」 Bさん「ありがとうね」  	Bさんに触覚と聴覚と同時に伝えるときは、感覚の方向を統一することでBさんの混乱を避けられます。 (参考：基礎Ⅱ－４　感覚の方向を統一する) 介助者が触れる手からBさんに優しさが伝わるように、声かけをするときの口調も優しさを込めて行います。口調と触れ方は連動しているので、口調が優しければ自然と優しい触れ方ができます。介助者に対して良い印象が得られれば、Bさんに「また食事に来たい」と思ってもらえるかもしれません。 (参考：基礎Ⅴ－７　触れ方の質は、口調と表情で変化する)

事例3 片麻痺のCさんの事例

利用者の状態像

Cさん。79歳の男性。要介護3。日常生活の自立度判定基準…障害度C1／認知症度Ⅲa。左手足には重度の麻痺があり、自分で動かすことは困難。日常会話は可能。移動には車いすを使用している。右手足の力は良好であり、動作時には協力が得られる。しかし、動くときに体を突っ張ったり、左手足に体重をかけようとしてバランスを崩したりすることがあり、体をどう動かしてよいのかわからないことがある様子。

【場面設定】

Cさんから尿意の訴えがあったため、トイレで排泄介助を行う。

手順	活用した知識や技術
❶ 介助者は、Cさんが乗った車いすを便器から少し離れた位置に設置し、ブレーキをかけます。 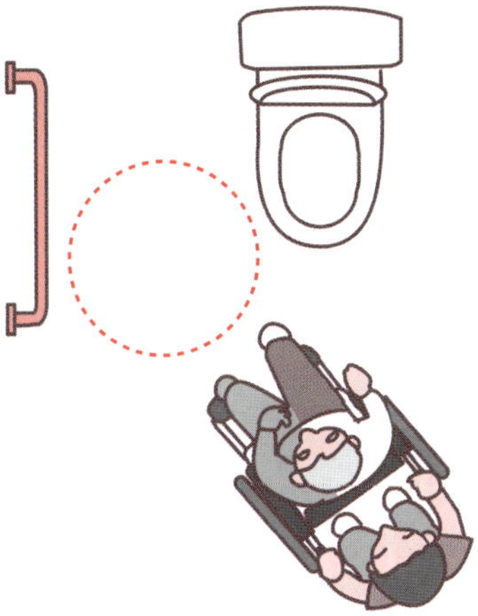	Cさんと便器との距離が近いと、空間が狭くてCさんが動きにくくなります。Cさんと便器との距離が広くなるように車いすを設置します。 (参考：実践Ⅱ－3　動きをつくる技術①　空間を活かす)

<table>
<tr>
<td>❷ 介助者はCさんの足に触れながら「こちらの足を下ろしましょう」と声をかけ、フットレストから足を下ろしてもらいます。
もう片方の足も同様の手順で下ろしてもらいます。
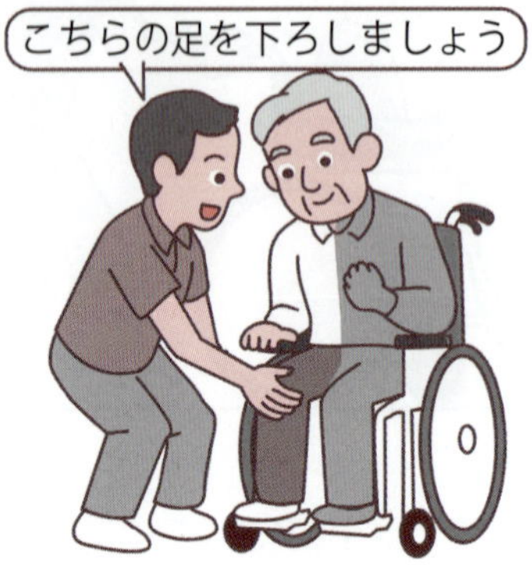
</td>
<td>Cさんは自分の体が認識しにくくなっているので、「右足・左足」と伝えられるより、「こちらの足」と触れられたほうが混乱なく部位を認識することができます。
（参考：基礎Ⅴ－５　触覚は２人の場所と方向を瞬時に一致させる）
Cさんの足に触れる際は、足の強い部位に触れるようにします。足の強い部位は、膝や踵といった硬い部位が該当します。
（参考：基礎Ⅵ－５　人の部位と触覚との関係を理解する）
Cさんに声かけをする際は、優しい口調で行うことでそれと連動した優しい触れ方ができるようになります。
（参考：基礎Ⅴ－７　触れ方の質は、口調と表情で変化する）</td>
</tr>
<tr>
<td>❸ 介助者はCさんに「ここにつかまりましょう」と声かけをしながら手すりを指し示し、手すりにつかまってもらいます。

</td>
<td>つかまる場所を聴覚と視覚で確認できることが安心につながります。「前の手すり」と聴覚だけで言われるより、「ここ」と視覚で確認しながらつかまる場所を指定されたほうが、Cさんの混乱が少なくなります。
（参考：基礎Ⅳ－２　声かけの信頼度は「聴覚＋α」で大きく高まる）</td>
</tr>
</table>

❹ 介助者は「ちょっと手伝います」と声かけをしながらCさんの強い部位に触れ、立ち上がり介助の準備をします。 Cさんに触れる介助者の手は、腕全体が密着するように接触面積を多くします。  	突然触れられるよりも、事前に「ちょっと手伝います」と言われてから触れられたほうが安心できます。 （参考：基礎Ⅱ－２　目・耳・手を駆使してかかわる） 強い部位に触れることで、Cさんの体に硬さをつくらず柔らかい体でいてもらえます。 （参考：基礎Ⅵ－５　人の部位と触覚との関係を理解する） 触れる際には、２人の動きが一体となるように接触面積の多い触れ方をします。 （参考：実践Ⅱ－４　動きをつくる技術②　接触面積を増やす）
❺ 介助者は「立ちましょうか」と声をかけ、Cさんの体を右足の方向に誘導しながら立ち上がり介助を行います。  	Cさんが声かけに混乱しないように、過剰な声かけは避けます。声かけのない状態の、Cさん本来の動きを手伝う意識で介助します。 （参考：基礎Ⅳ－３　声かけを控えれば、その人らしさを引き出せる） Cさんは麻痺側である左足では体を支えられないので、健側である右足の方向に体を誘導するようにします。 （参考：実践Ⅰ－４　手足を活かす技術③　体を手足の方向に誘導する）

❻ Cさんが立ち上がる最中、介助者はCさんの曲線の動きを引き出すように意識しながら介助します。 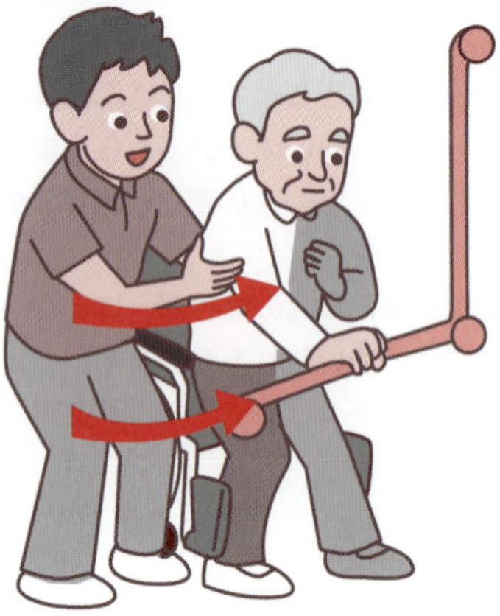	Cさんは両足ではなく片足だけの力で立つので、立ち上がる際には力の必要性が低い曲線の動きが適しています。立ち上がり介助中の動きにひねりを加え、曲線の動きが引き出せるようにします。 （参考：実践Ⅰ－3　手足を活かす技術②　手足を非対称な位置に置く）
❼ Cさんが立ち上がったら、その状態を保持してもらいます。その間も、介助者は密着するようにCさんを支えます。 	Cさんが安定して立つには、骨が多い姿勢が必要です。肉の力に頼らずに立っていられる位置まで体を誘導します。 （参考：実践Ⅲ－6　骨肉と介助の関係） 立っているとき、介助者はCさんに密着することで2人が1つになった動きが行え、よりバランスをとりやすくなります。 （参考：実践Ⅱ－4　動きをつくる技術②　接触面積を増やす）

❽ 介助者はCさんのズボンを下に下ろさせてもらいます。 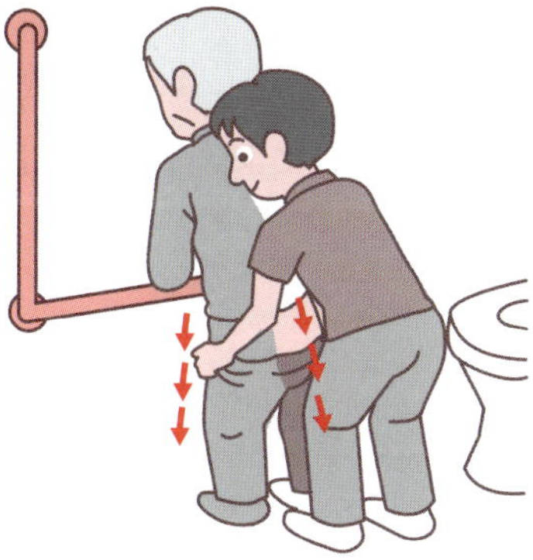	ズボンを下ろす動きにも、直線と曲線の2つがあります。下ろしやすいのはズボンの左右を交互にひねるように下ろす曲線の下ろし方です。 (参考：実践Ⅰ－3　手足を活かす技術②　手足を非対称な位置に置く)
❾ 介助者は、安定したCさんの立位姿勢を少し崩してから便器に座ってもらいます。 座っている最中も、Cさんとの一体感を崩さないようにしながらゆっくりと動きます。 	座るときは、安定した立位を崩し、少し不安定にしてから座ったほうが動きやすくなります。 (参考：実践Ⅱ－5　動きをつくる技術③　不安定にする) 介助者とCさんが一体になることで動きを連動させることができるので、介助者がゆっくり動けば自然とCさんもゆっくりと動くことができます。 (参考：実践Ⅱ－4　動きをつくる技術②　接触面積を増やす)
❿ 座位を整えます。 	Cさんが安定して座るには骨が多い姿勢が必要です。もし肉が多い姿勢で不安定に座っていれば、Cさんが安定して座れるように介助者がCさんの体を誘導します。 (参考：実践Ⅲ－6　骨肉と介助の関係)

⑪ Cさんに触れながら「終えたら、呼び出しボタンを押してくださいね」と言って静かにトイレを出ます。  	声かけは、触覚を組み合わせることでよりCさんに伝わりやすくなります。 （参考：基礎Ⅳ－２　声かけの信頼度は「聴覚＋α」で大きく高まる） 声かけはゆっくりとした口調で行い、Cさんに「ゆっくり排泄してよい」という気持ちを感じてもらえるようにします。 （参考：基礎Ⅳ－４　聴覚が２人のリズムを一致させる）

事例4　四肢麻痺のDさんの事例

利用者の状態像

Dさん。92歳の女性。要介護5。日常生活の自立度判定基準…障害度C2／認知症度Ⅳ。両手足の関節は屈曲拘縮しており、生活の全般に介助が必要。意思の疎通は困難だが、声かけをすると目を開けたり、表情に変化がみられたりすることがある。傾眠していることが多く、肩をたたくなどの刺激を加えると開眼する。

【場面設定】

散歩に誘うため、部屋を訪室。ベッドから車いすに乗り移るまでの一連の介助を行い、散歩に出かける。

手順	活用した知識や技術
❶ 介助者はDさんの部屋のドアをノックし、名前を名乗ってから入室します。	Dさんの身体機能・精神機能は低下していますが、聴覚は正常に機能しています。聴覚で介助者が来たことが事前にわかることで、Dさんは介助者とかかわる心構えができます。（参考：基礎Ⅱ－2　目・耳・手を駆使してかかわる）

❷ 入室したら、Dさんの視界に介助者の全身が入るようにしながらそっと近づきます。 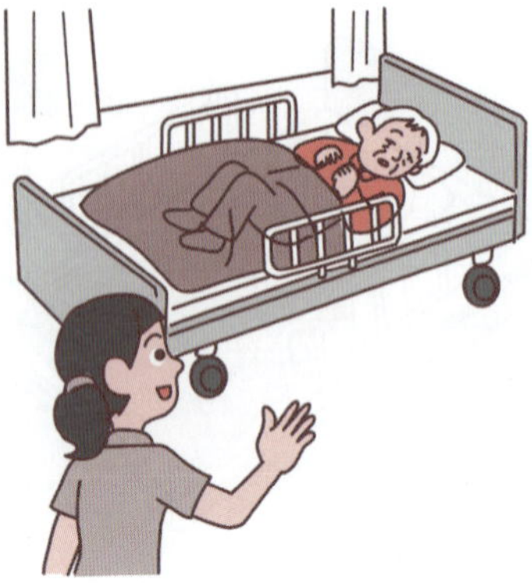	Dさんの視界に介助者が入ることで、Dさんは介助者の存在を聴覚と視覚でよりはっきりと認識することができます。 (参考：基礎Ⅱ－3　かかわりの入口は「視覚」で開く) さらに、介助者はDさんの視界に全身が入るようにすることで、Dさんは介助者の人となりを判断するのが容易になります。 (参考：基礎Ⅲ－2　自己紹介は「全身」で行う) 介助者がDさんに近づくときは遠くからゆっくりと行います。ゆっくり接近すればDさんの視覚に入る感覚の量を少しずつ増やすことができ、Dさんに驚きをつくらないようにかかわることができます。 (参考：基礎Ⅱ－5　感覚の量は必要最小限を目指す)
❸ Dさんは少し眠そうにしています。介助者はDさんの肩に触れながら声をかけます。 	Dさんの意識レベルが低い場合、聴覚と視覚だけではなく、触覚も組み合わせたかかわりを行い、意識レベルを高めます。 (参考：基礎Ⅱ－2　目・耳・手を駆使してかかわる) 触覚でかかわるときにはDさんの強い部位に触れ、不快感をつくらないようにします。ここでは、肩の硬い部位に触れています。 (参考：基礎Ⅵ－5　人の部位と触覚との関係を理解する) 触れるときの感覚の量は、Dさんに驚きをつくらないように必要最小限からはじめ、必要があれば徐々に強くしていきます。 (参考：基礎Ⅱ－5　感覚の量は必要最小限を目指す)

❹ Dさんの意識レベルが高まったら散歩に誘います。会話はDさんに触れながら行い、優しい口調・表情を心がけます。 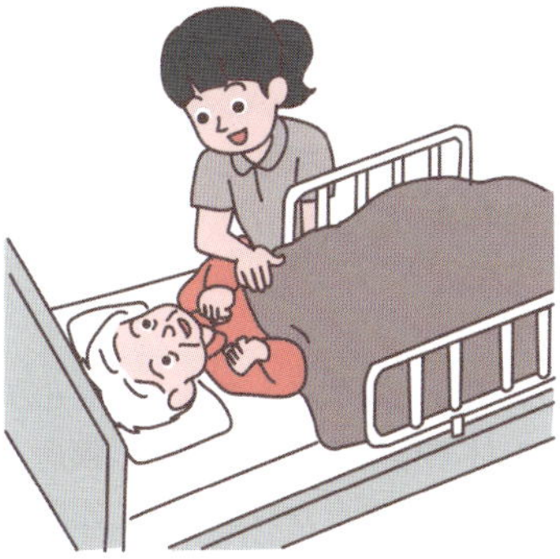	Dさんが介助者のことを優しい存在だと感じてくれれば、散歩に行きたい気持ちが湧いてくるかもしれません。優しさを伝えるには、視覚や聴覚だけではなく、触覚も含めて伝えるのが有効です。 （参考：基礎Ⅴ－１　温もりと安心は「手」から伝わる） Dさんに優しく触れるには、口調と表情を優しくするのが有効です。触れ方は口調と表情と連動しているため、口調と表情が優しければ、自然と優しい触れ方ができます。 （参考：基礎Ⅴ－７　触れ方の質は、口調と表情で変化する）
❺ Dさんの表情やしぐさから了承の意思をくみ取れたら、かけ布団をたたみ、ベッド柵を外します。 	介助者がDさんの起居動作を介助するにあたり、柔らかく動きやすい体でいてもらうことが大切です。Dさんの体に硬さをつくらないように、かけ布団を丁寧にたたんだり、ベッド柵を静かに外したりと、Dさんの五感に強い刺激を与えないように配慮します。 （参考：基礎Ⅵ－４　五感が筋肉の硬さを左右する）
❻ Dさんが移乗するための車いすを少し離れた位置にセッティングします。 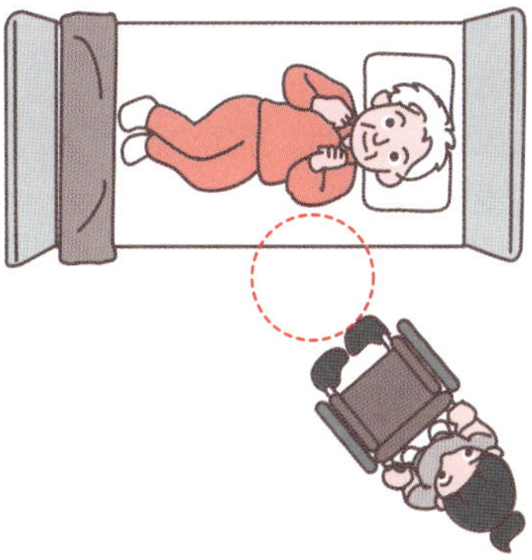	Dさんを介助するにあたり、まわりの空間は広いほうが介助しやすいです。車いすはベッドのすぐ近くよりも、手の届く範囲で少し離れた位置にセッティングします。 （参考：実践Ⅱ－３　動きをつくる技術①　空間を活かす）

ここから、「寝返り→起き上がり→移乗」という流れで、Dさんがベッド上から車いすに座るまでの介助を行います。ベッド上から直接抱え上げて車いすに移乗する介助方法もありますが、介助者が大変な思いをするとともに、Dさんにとって怖い体験になるおそれがあるので行いません。

⑦ ベッド上で上向きの姿勢（仰臥位）から左向きの姿勢（左側臥位）になるための、寝返り介助を行います。
介助者は「Dさん、こちら側に寝返りますよ」とDさんの体の左側に触れながら声をかけます。

Dさんが上向きで寝ていた場合、起き上がりに適した姿勢である横向きになる必要があるので、はじめに寝返り介助を行います。
（参考：基礎Ⅵ－7　重さを意識した介助の実際）
寝返りの声かけをするときは、Dさんが寝返る方向を体で理解できるように、寝返る側の体に触れながら声をかけます。認知機能が低下した人にとっては、口頭で「左側」というよりも、触れながら「こちら側」と伝えたほうが理解しやすくなります。
（参考：基礎Ⅴ－5　触覚は2人の場所と方向を瞬時に一致させる）

○寝返り介助
① 左手を左側へ移動してもらいます。
② 左足を左側へ移動してもらいます。
③ 頭を左側に向けてもらいます。
④ 右手を左側に移動してもらいます。

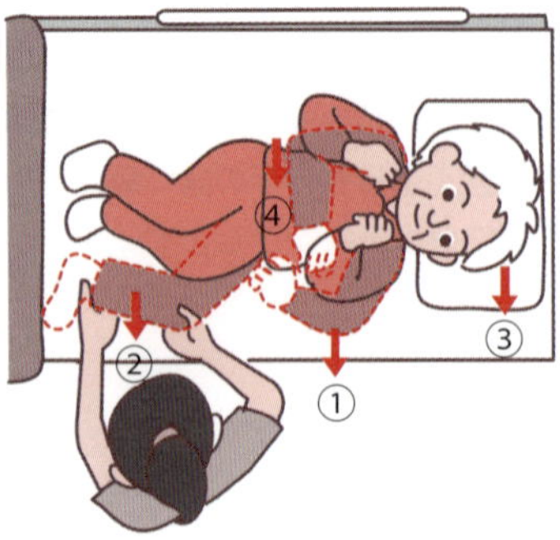

人は手足から胴体の順番で動くので、寝返りも胴体よりも先に手足を介助するようにします。
（参考：実践Ⅰ－2　手足を活かす技術①　手足から胴体の順番に動く）
手足を介助する際には、すべての部位を同時に動かすことはせず、1つひとつの部位を順序よく動かすことで、重さを軽減した介助ができます。
（参考：基礎Ⅵ－3　硬さと重さ、柔らかさと軽さの関係を知る）
手足に触れる際には、手足の強い部位を介助するようにします。
（参考：基礎Ⅵ－5　人の部位と触覚との関係を理解する）

<table>
<tr>
<td>⑤　右足を立ててもらい、骨盤と胸部の後方を介助しながら左方向に寝返ってもらいます。
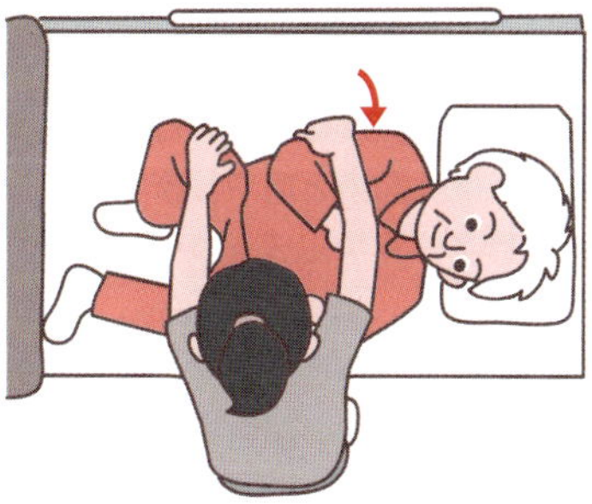</td>
<td>手足が動き終えてから、胴体である骨盤と胸部を介助します。骨盤と胸部を介助する際には、骨盤と胸部が曲線のねじれる動きで寝返ることができるように、骨盤→胸部という流れで時間差をつけながら行います。
（参考：実践Ⅰ－3　手足を活かす技術②　手足を非対称な位置に置く）
体の硬さがあると曲線の動きが行いにくくなるので、骨盤と胸部に触れるときには、後方の強い部位に触れるように心がけます。
（参考：基礎Ⅵ－5　人の部位と触覚との関係を理解する）</td>
</tr>
<tr>
<td>❽　○起き上がり介助
①　両手をベッドに着いてもらいます。
②　両足をベッドから下ろしてもらいます。
</td>
<td>寝返り介助と同様に、起き上がりも胴体よりも先に手足から動き出します。手足から動き出すことで、人が長年習慣的に行ってきた自然な動きを引き出しやすくなります。
（参考：実践Ⅰ－2　手足を活かす技術①　手足から胴体の順番に動く）</td>
</tr>
<tr>
<td>③　手足を非対称な位置に置いてもらいます。
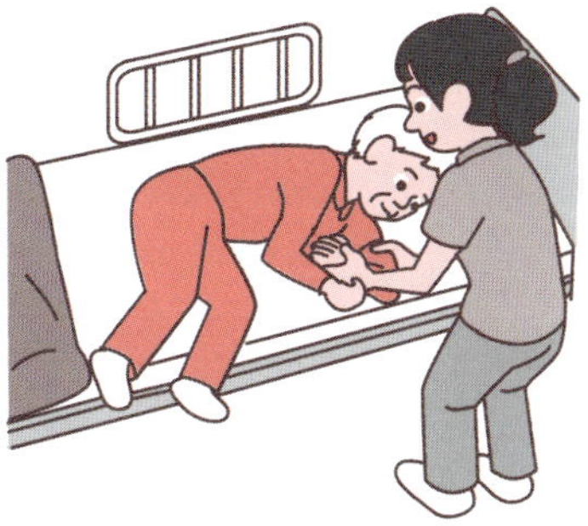</td>
<td>起き上がりは、直線と曲線の2種類の動きで行うことができます。Dさんは身体機能が低下しているので、力の必要性が低い曲線の動きで介助するのが適しています。そのため、曲線の動きを促せるように手足を非対称な位置に置いてもらいます。
（参考：実践Ⅰ－3　手足を活かす技術②　手足を非対称な位置に置く）</td>
</tr>
</table>

④　胸部を手の方向に誘導しながら上半身を起こしてもらいます。 ⑤　胸部を足の方向に誘導しながらさらに上半身を起こしてもらいます。 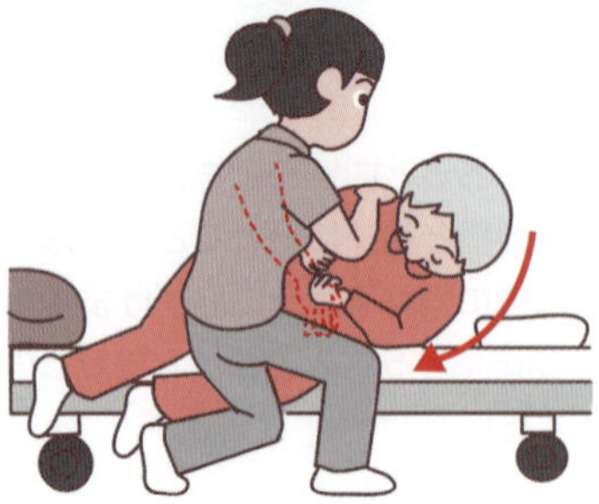	曲線の動きで起き上がれるように、上半身を手足の方向に誘導しながら介助します。 （参考：実践Ⅰ－４　手足を活かす技術③　体を手足の方向に誘導する） Ｄさんを介助するときは、曲線の動きが促しやすくなるように介助者がＤさんにしっかりと触れて、接触面積を増やします。 （参考：実践Ⅱ－４　動きをつくる技術②　接触面積を増やす） Ｄさんに触れる介助者の手は、Ｄさんの体を硬くしないように強い部位に触れるようにします。 （参考：基礎Ⅵ－５　人の部位と触覚との関係を理解する）
⑥　座っている姿勢を整えます。 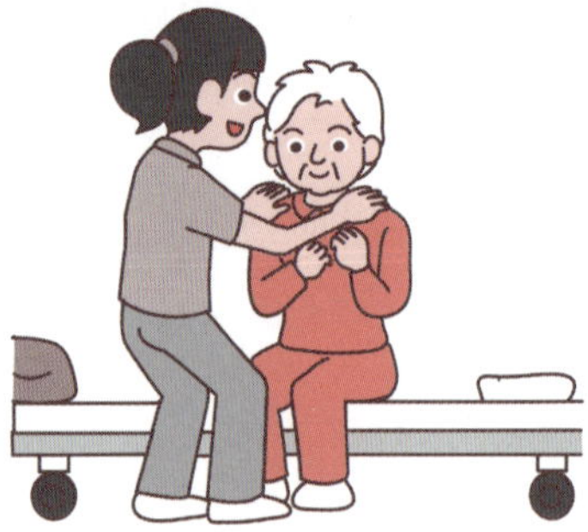	肉が多い姿勢で座っているとＤさんが姿勢を保ちにくくなるので、骨が多い姿勢で安定できるように介助者が姿勢を整えます。 （参考：実践Ⅲ－６　骨肉と介助の関係）
9　○移乗介助 ①　Ｄさんが骨の姿勢で安定していることを確認します。 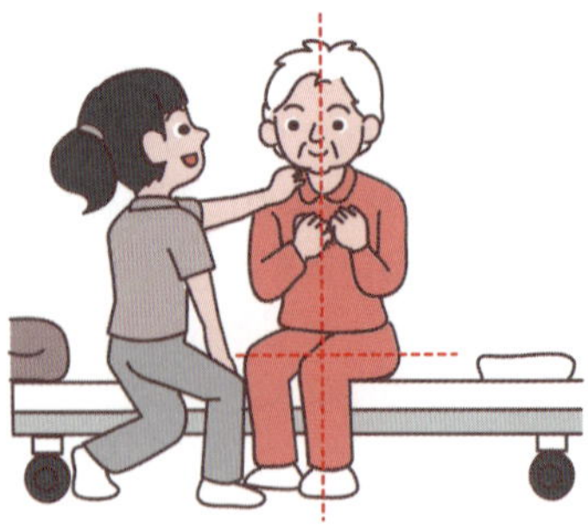	移乗する前提として、Ｄさんの姿勢が安定していないとこれからの動きが大変になるので、必要があれば介助して骨が多い姿勢をつくります。 （参考：実践Ⅲ－６　骨肉と介助の関係）

② 車いすは近すぎず遠すぎず、手が届く位置にあることを確認します。 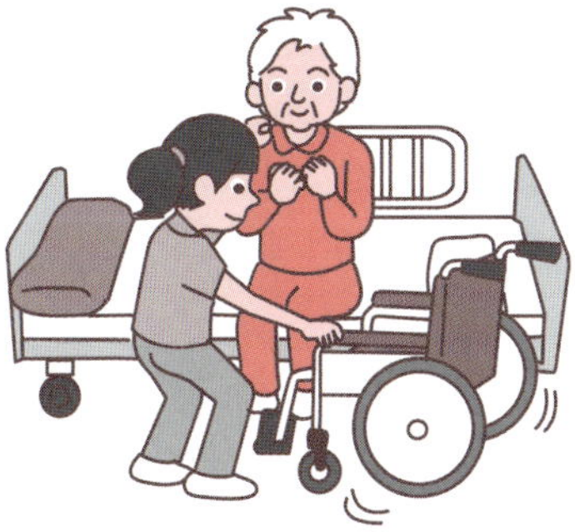	介助するときに車いすが近すぎると、自由に動くことができず介助が大変になります。移乗するときには車いすが必要になるので、車いすは近すぎず遠すぎず、手の届く範囲にセッティングしてあることを確認します。 （参考：実践Ⅱ－3 動きをつくる技術① 空間を活かす）
③ 介助者はDさんの隣に体を密着させながら座ります。 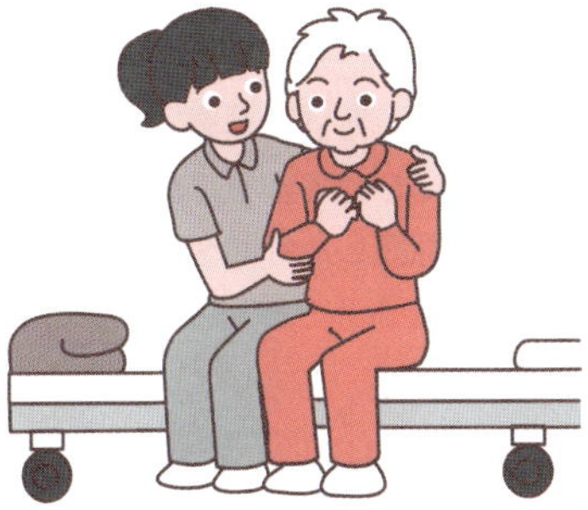	Dさんは身体機能が低下していて体が不安定なので、介助者がしっかりと体を密着させながら姿勢を保ってもらいます。 （参考：実践Ⅱ－4 動きをつくる技術② 接触面積を増やす）
④ Dさんの両足を介助者の左太ももの上に乗せてもらいます。 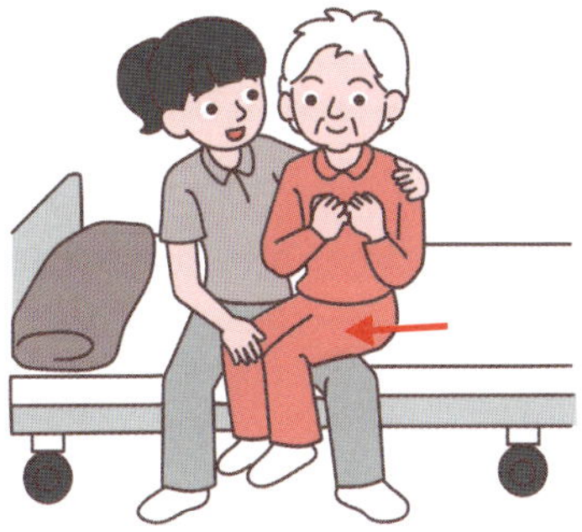	Dさんの両足を乗せるときは、両足を同時に動かすよりも片足ずつ動かしたほうが重さを軽減できます。 （参考：基礎Ⅵ－3 硬さと重さ、柔らかさと軽さの関係を知る） Dさんの足を動かすときには、介助者と体を密着させたうえでDさんの体を左右や後方に倒すなど不安定にすると足を動かしやすくなります。 （参考：実践Ⅱ－5 動きをつくる技術③ 不安定にする）

⑤　Dさんの両足を介助者の両足で挟み込んで固定します。 	この先の手順でDさんの体の動きがより大きくなるので、介助者との接触面積を増やして２人の一体感を高め、動きに対する安心感をもってもらいます。 (参考：基礎Ⅴ－２　接触面積の広さが２人の一体感を高める)
⑥　Dさんに前かがみになってもらい、介助者が両手で体を支えます。 	一時的にDさんの安定した姿勢が崩れるので、介助者は両手でDさんを支えます。 (参考：実践Ⅲ－６　骨肉と介助の関係) Dさんに前かがみになってもらうときには、曲線の動きで行ったほうが楽に動けるので、上半身を左右にひねるようにして前に倒し、体のねじれを意識した介助を行います。 (参考：実践Ⅰ－３　手足を活かす技術②　手足を非対称な位置に置く)
⑦　Dさんに、介助者の左の太ももの上で座ってもらいます。 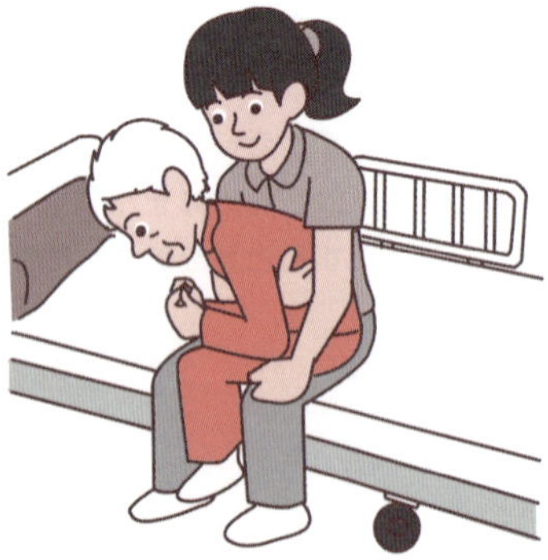	介助者はDさんが骨が多い姿勢で安定できる位置を探します。骨が多い姿勢であれば、安定感とともに安心感も生まれます。 (参考：実践Ⅲ－６　骨肉と介助の関係)

⑧　Dさんが安定していることを確認したら、介助者は車いすをDさんのお尻の近くまで引き寄せます。 	Dさんと介助者がともに骨が多い姿勢で安定していれば、介助者が片手で車いすを引き寄せることが可能です。 (参考：実践Ⅲ－6　骨肉と介助の関係)
⑨　介助者はDさんの臀部を下ろし、車いすに座ってもらいます。 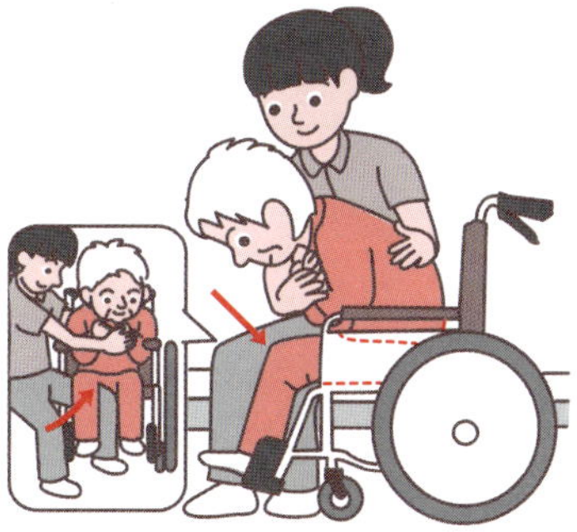	介助者はDさんとの密着を崩さずに、Dさんが車いすに着座して安定するまでしっかりと触れておきます。 (参考：基礎Ⅴ－2　接触面積の広さが2人の一体感を高める) 勢いよく座ると動きに対する恐怖感から体が硬くなるおそれがあるので、お互いの動きを一致させて静かに行うようにします。 (参考：基礎Ⅵ－4　五感が筋肉の硬さを左右する)
⑩　Dさんの姿勢を整えます。 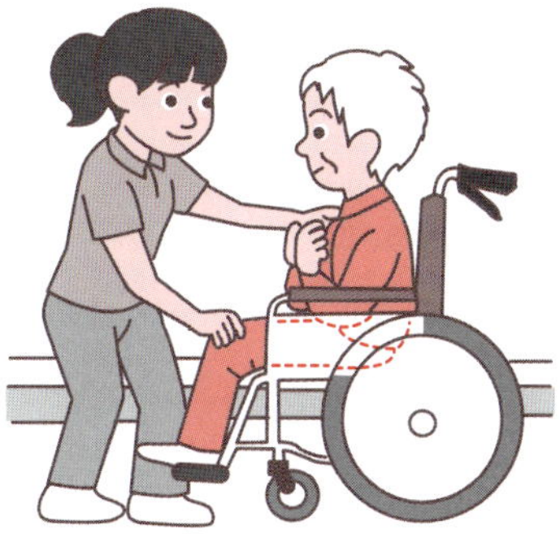	移乗し終えたままの姿勢は不安定なことが多いので、Dさんの体を骨が多い安定した姿勢に整えます。 (参考：実践Ⅲ－6　骨肉と介助の関係)

⑩ Dさんと散歩に出かけます。車いすを押す際、介助者はDさんの肩にそっと触れておきます。 	Dさんはベッド上で過ごすことが多いので、散歩に出ることを不安に思っているかもしれません。また、外は段差や坂道もあり、車いすが揺れてDさんが怖さを感じるおそれもあります。介助者は移動中にDさんの肩に触れておくことで、恐怖感を軽減し、安心感をもってもらえるように気を配ります。 (参考：基礎Ⅴ－1　温もりと安心は「手」から伝わる)

あとがき

この本は、私が「新感覚介助」というセミナータイトルでみなさんに伝えてきた介護への想いを、言語化できる範囲でまとめたものです。今の私の礎になっているのは、多くの先生方から学んだ知識や技術、出会った利用者や介助者から得られた感性です。それらのなかでも私にとって特に大きな学びとなり、介助の参考になったものをここに明示します。

●センサリィ・アウェアネス

●キネステティクス

●フェルデンクライス・メソッド

私はこれらの講師ではないので、その内容について詳しく述べることはできません。しかし、これらと出会わなければ今の私はなかったと断言できます。介護・介助の質を高めたいと思われている人は、ぜひ実際に体験・受講していただくことを強く推奨します。きっと、あなたにとってかけがえのない学びの時間になるかと思います。

最後になりましたが、本の作成にあたり多くのみなさんに支えていただいたこと、深く感謝しています。筆舌に尽くし難いのですが、これからも多くの方々と出会い、想いを伝えていくことが私にできる精一杯の恩返しかと思っています。

ここまで読んでくださり、本当にありがとうございます。

いつの日か、あなたともお会いできるご縁があることを願っています。

平成27年5月吉日

介護老人保健施設ケアセンターゆうゆう

安藤祐介

著者略歴

安藤祐介（あんどうゆうすけ）

1984（昭和59）年、さかなの町・静岡県焼津市に生まれる。健康科学大学を卒業し、作業療法士免許を取得。

2007（平成19）年、介護老人保健施設ケアセンターゆうゆうに入職。介護経験を経た後、認知症フロアに配属される。

2011（平成23）年から、介護技術や認知症ケアをテーマとしたセミナー講師を務めるようになり、現在は「介護」と「学ぶ楽しさ」を融合した『ケアテイメント型』の講義を展開中。「マイナスイオンが出ている」と噂される声で、中高年の女性を中心に熱い支持を集めている。現場ならではの柔軟性・創造性に富んだ内容は、「介護に新しい可能性を感じた！」とコアなファンに大好評。

利用者に心地よい介護技術

「新感覚介助」というアプローチ

2015年６月20日　初　版　発　行
2019年11月10日　初版第３刷発行

著　者　安藤祐介
発行者　荘村明彦
発行所　中央法規出版株式会社
〒110-0016 東京都台東区台東3-29-1 中央法規ビル
営　　業　Tel 03-3834-5817　Fax 03-3837-8037
書店窓口　Tel 03-3834-5815　Fax 03-3837-8035
編　　集　Tel 03-3834-5812　Fax 03-3837-8032
https://www.chuohoki.co.jp/

印刷・製本　株式会社アルキャスト
装丁デザイン　木内デザイン事務所
イ ラ ス ト　株式会社ブルーフィールド・藤田侑巳
写　　　真　浅田悠樹
定価はカバーに表示してあります。
ISBN978-4-8058-5191-3